教職協働による
大学改革の軌跡

村上 雅人

東信堂

はじめに

　大学の使命は「教育」「研究」「社会貢献」とされています。しかし、私は、大学の最も重要な使命は「ひとを育てる」ことにあると思っています。日本の将来を支え、さらに、世界の持続的発展に貢献できる人材を育成することが、大学の大きな仕事ではないでしょうか。

　大学人である教員も職員も、このことを念頭に置き、自分たちは「夢のある仕事」に就いているのだという自覚を持つべきと思います。そして、そういう崇高な仕事に就いていることを誇りに思うべきなのです。そのうえで、教員と職員が、その職務を全うするために、協働して人材育成に努めることも重要です。

　もちろん、現実的視点に立って、大学経営を真剣に考えることも必要です。少子高齢化や経済の低迷が続くなかで、大学間競争は厳しさを増しています。私立大学のなかには定員割れを起こしているところも少なくありません。しかし、それを嘆いてばかりでは前に進めません。苦境の時だからこそ、大学改革を進めるチャンスと前向きに捉えることもできるのです。

　ひとは平時にはなかなか動きません。組織も、安定していたら何かを変えようとはしません。危機が叫ばれる今だからこそ、大学は改革を目指すのではないでしょうか。そして、大学の進むべき方向は「いかに高校生や保護者に選ばれる大学になるか」です。

　このためには、大学の現状について徹底的に分析し、なにが課題か、そして、どこに大学としてチャンスがあるかを見いだすことです。私は、学長の重要な仕事は、夢と希望を見つけることと考えています。ただし、それは、空疎な希望であってはいけません。だからこそ、数値データに基づく客観的な分析が必要となるのです。

　私の好きな言葉に、宇宙ロケットの父である R. H. Goddard が残したも

のがあります。"The dream of yesterday is the hope of today, and the reality of tomorrow."「きのうの夢は、今日の希望となり、そして明日の現実となる。」

　まさに、昨日までは夢だったことを大学の希望に変え、それを教員と職員が一緒になって現実のものとする。これが大学改革と思います。この実現のためには、互いを信頼し尊敬することのできる仲間が必要です。これこそが教職協働です。そして、勇気をもって第一歩を踏み出すことです。

　私は、芝浦工大の学長として、信頼できる教職員に恵まれました。そして、教育、研究、グローバルを柱に大学改革を進めてきました。その道は平坦ではありませんでしたが、9年間を振り返ると、大学の発展にいくばくかの貢献ができたのではないかと思っています。

　仲間たちと夢に向かって歩んだ記録をここに記しました。ひとは変われます。そして大学も変われます。本書が、大学運営に関わっている方たちの少しでも参考になれば幸甚です。

　2021 年 1 月

村上雅人

目次／教職協働による大学改革の軌跡

はじめに …………………………………………………………………… i

第1章　学長の使命 ……………………………………………… 3

1.1. 希望を与える ……………………………………………… 3
1.2. 世界に目を転ずる ………………………………………… 5
1.3. 職員を鼓舞する …………………………………………… 9
1.4. フォロワーシップ ………………………………………… 11
1.5. 大学のブランド力を上げる ……………………………… 12
1.6. 教職協働を進める ………………………………………… 13
1.7. 世界大学ランキング ……………………………………… 15
1.8. ランキング指標 …………………………………………… 18
1.9. 日本大学ランキング ……………………………………… 19
1.10. 大学改革の成果 ………………………………………… 24
1.11. 大学の進む方向を示す ………………………………… 27

第2章　教　育 …………………………………………………30

2.1. 教育の質保証 ……………………………………………… 32
2.2. 大学の約束：3ポリシー ………………………………… 34
2.3. 世界標準 …………………………………………………… 35
2.4. 世界の教育改革 …………………………………………… 38
2.5. ボローニャ宣言と大学改革 ……………………………… 40
2.6. 学修成果の可視化 ………………………………………… 44
2.7. 成績評価 …………………………………………………… 47
2.8. 認証評価 …………………………………………………… 51
2.9. AHELO …………………………………………………… 51
2.10. 理工学教育共同利用拠点 ……………………………… 53
2.11. 学生の学びの心に火をつける ………………………… 54

第3章　研　究 ························56

3.1. 大学の分類 ···················· 57

3.2. 研究予算 ····················· 58

3.3. 共通機器センターの設置 ············ 60

3.4. 自主研究予算 ·················· 62

3.5. 国際共同研究の強化 ··············· 64

3.6. 大学院強化 ···················· 68

3.7. 卒論は日本が世界に誇る少人数教育 ······ 69

3.8. 学会発表 ····················· 72

3.9. 外研制度 ····················· 73

第4章　グローバル化 ···············75

4.1. 留学経験 ····················· 75

4.2. グローバル PBL ················· 78

4.3. 学生交流の意義 ················· 83

4.5. 海外からの留学生 ················ 85

4.6. 英語のみで学位のとれる課程 ········· 88

4.7. 世界標準の入試 ················· 92

4.8. 日本人学生のための国際プログラム ····· 93

4.9. 真のグローバル化とは ············· 94

第5章　ダイバーシティー ·············95

5.1. 男女共同参画 ·················· 96

5.2. ポジティブアクション ············· 98

5.3. 戦略的人事 ··················· 100

5.4. 教員選考 ···················· 101

5.5. ノーマルアクション ·············· 102

5.6. ライフイベント ················ 104

5.7. 外国籍教員 ··················· 106

第 6 章　教職学協働 ……………………………………………… 108

　6. 1. 海外における教職協働 ……………………………………111

　6. 2. SWOT 分析 ………………………………………………112

　6. 3. 教育改革プログラムへの挑戦 …………………………116

　6. 4. 教育 GP 獲得件数日本一 ………………………………119

　6. 5. 私立大学等改革総合支援事業 …………………………122

　6. 6. 教職協働から教職学協働へ ……………………………130

　6. 7. スチューデントジョブ制度 ……………………………134

　6. 8. 職学協働 …………………………………………………135

　6. 9. 教職学協働による SIT-bot の開発 ……………………136

　6 .10. 新しい風 …………………………………………………138

第 7 章　入学者選抜 ……………………………………………… 139

　7. 1. 世界の大学受験 …………………………………………139

　7. 2. 定員管理 …………………………………………………141

　7. 3. 推薦入試 …………………………………………………144

　7. 4. 教育改革 …………………………………………………145

　7. 5. 受験生はしたたか ………………………………………147

　7. 6. 読み書きそろばん ………………………………………148

　7. 7. 英語教育 …………………………………………………150

　7. 8. 入試改革は難しい ………………………………………153

　補遺　理系文書を書くためのコツ ………………………………155

第 8 章　就　職 …………………………………………………… 160

　8. 1. 大学の学費 ………………………………………………160

　8. 2. 就職と私立大学 …………………………………………163

　8. 3. インターンシップ ………………………………………167

　8. 4. 就職活動 …………………………………………………170

　8. 5. キャリアサポート ………………………………………171

　8. 6. 工学部出身の先生 ………………………………………172

第9章　地の創造拠点 ………………………………… 175

9.1. 継承されるものづくり ………………………………175

9.2. バブルの蹉跌 ………………………………………176

9.3. 立って半畳、寝て一畳 ………………………………177

9.4. 大志を抱く ……………………………………………179

9.5. 日本の工業力 …………………………………………180

9.6. 大学の使命 ……………………………………………181

9.7. 江戸っ子1号 …………………………………………183

第10章　情報公表とIR ………………………………… 187

10.1. 情報公表 ……………………………………………187

10.2. 芝浦工大のIR ………………………………………190

10.3. IRの定義 ……………………………………………192

10.4. 世界大学ランキング ………………………………193

10.5. 学内ベンチマーキング ……………………………195

第11章　コロナが変える大学教育 …………………… 198

11.1. オンライン学会 ……………………………………199

11.2. オンライン国際会議 ………………………………199

11.3. オンライン授業 ……………………………………200

11.4. マスコミからの批判 ………………………………204

11.5. ブレンド型学習 ……………………………………206

11.6. バーチャル国際交流 ………………………………206

11.7. バーチャル実験 ……………………………………207

11.8. オンラインPBL ……………………………………209

11.9. アバターの利用 ……………………………………211

11.10. VUCA時代を生き抜く力 …………………………212

第12章　大学経営 ……………………………………… 214

12.1. 私立大学の収支 ……………………………………214

12.2. 私立大学における収益改善 ………………………216

12. 3. 資産運用 …………………………………………217

12. 4. 寄付金 ………………………………………………220

12. 5. 大学債 ………………………………………………221

12. 6. 苦渋の決断 …………………………………………222

12. 7. 大学ブランド力 ……………………………………225

参考文献 ……………………………………………………227

あとがき ……………………………………………………233

謝　辞 ………………………………………………………235

事項索引 ……………………………………………………237

人名索引 ……………………………………………………241

教職協働による大学改革の軌跡

第1章　学長の使命

　日本の大学には、いろいろな形態があります。まず、国立大学法人、公立大学法人、私立大学法人に大別され、それぞれでガバナンスが異なります。また、短期大学もありますし、学部を持たない大学院大学もあります。最近では、専門職大学も登場しました。

　さらに、私立大学の経営は多種多様です。同族経営によって、大学運営や施策に経営者の意向が強く反映される大学も多いです。また、理事長と学長を兼任できる大学や、理事会が学長を指名し教育研究活動の管理運営を付託する大学など、学長の職務や権限は大学によって異なります。

　このような大学の形態の違いにより、学長の立場にも違いが生じます。ただし、そこまで配慮しているときりがありません。そこで、ここでは、学長を教学の長という視点から、その使命について私なりの考えを述べてみたいと思います。

1.1. 希望を与える

　私は、この変革の時代において、学長の大きな使命は、構成員である教員ならびに職員そして学生に対して希望を与えることと考えています。そして、大学を元気にすることです。

　大学改革は簡単ではありません。いままでの日常を変えなければならないからです。多くのひとは、できれば改革などやりたくないと思っているでしょ

う。しかし、現状に甘んじていたのでは、その大学の将来はあやういのです。なぜなら、社会状況が大きく変わっているからです。その事実を納得したうえで、大学改革の先には、夢と希望"dreams and hopes"があるということを示すことができれば、多くの教職員もついてきてくれるでしょう。改革しても、その先に希望がないとなれば、誰も協力してくれません。

　例えば、2018年問題に象徴されるように、18歳人口は確実に減っていきます。大学志願者も減っていきます。このとき、高校生が行きたいと思う大学から定員は埋まっていくことになります。よって、たとえ入学者を確保できたとしても、現状のままでは、教育レベルは下がるしかないのです。

　それならば、みんなが協力して大学改革を進め、受験生に選ばれる大学になればよいことになります。もちろん、言葉だけでは意味はありません。具体的な指針を示し、それが達成できれば大学の未来は明るいということを納得させる必要があります。

　そのためには、IR（Institutional Research）[1]による大学の現状に関する詳細な分析と、それをもとに、何をすればよいかという指針を、教職員に分かりやすく提示することも重要となります。私は、学長は、大学のことを他の誰よりも良く知る必要があると考えています。

　教員と職員が一緒になってSWOT分析[2]することも有効です。SWOTとは、強み（strengths）、弱み（weaknesses）、機会（opportunities）、脅威（threats）のことです。構成員が自分たちの大学の弱みや強みを見つめ直す機会となります。そして、社会的背景や状況のもとで、将来どのようなチャンスがあるか、そして、起こりうる脅威をいかに取り除くかを議論することで、大学の進むべき道を探ることができます。

　ある講演会で、この話をしたら、「本学には希望がありません。どうしたらよいでしょうか」と質問を受けたことがあります。最初から、あきらめていたのでは前には進めません。「みずから希望をつくればよいのです」と答

1　IRに関しては、第10章で詳その定義を詳述していますので、参照ください。
2　SWOT分析に関しては、第6章の教職協働で本学の取組を紹介しています。

えました。そして、その希望をつくるのが学長の重要な使命と思います。他
大の成功例を参考にすることも一案です。どんなに小さな一歩でも、前に進
もうとする姿勢が大切です

1.2. 世界に目を転ずる

　日本の 18 歳人口は確実に減っていき、2018 年は 120 万人程度だったもの
が 2023 年には 110 万人になり、やがて、100 万人をも切ることになります。
このままでは、多くの私立大学の経営は成り立たなくなります。この問題は、
どこの大学にもあてはまります。それでは、私立大学に希望はないのでしょ
うか。

　ここで、少し視点を変えてみましょう。世界に目を転ずればどうなのでしょ
うか。**表 1-1** は、2020 年の世界の国々の学生数です。

　日本は 290 万人しかいませんが、中国ではなんと 3700 万人です。インド
でも 2800 万人です。中国やインドの国内大学では、これだけの人数の学生
を収容できません。ブラジル、インドネシアも同様です。このため、多くの
学生は海外への留学を希望します。さらに、裕福で優秀な学生ほど海外を目
指す傾向にあります。つまり、海外から優秀な学生を集められることができ
れば、2018 年問題は解決するのです。

表 1-1　世界各国の 2020 年の学生数 (万人)

	国	学生数
1	中国	3700
2	インド	2800
3	米国	2000
4	ブラジル	900
5	インドネシア	780
cf	日本	290

2014 年教育再生実行委員会資料 (鈴木典比古氏) より転載

　以前にインド大使と懇談する場がありました。彼が言うには、「インドは貧しい国と思われているかもしれない。しかし、いまは裕福な家庭もかなり増えている。日本人よりもはるかに金持ちも多い。そういう親は、自分たちの子供を大学に行かせたい。できれば海外の優れた大学に留学させたいと思っている。そして、日本の私立大学の年150万円の学費など、彼らにとってはまったく問題にならないくらい安い金額だ。そういう優秀な学生を芝浦工大で受け入れてはどうか」と言うのです。

　つまり、世界に目を転ずれば、学生を獲得するチャンスと大学が発展する可能性はいくらでもあるのです。ただし、そのためには、留学生にとって魅力あるプログラムを用意する必要があります。

　幸い、芝浦工大では、東南アジアの大学と学部、大学院での国際連携の実績がありました。それを拡大していけば、より進んだグローバル化が可能となるはずです。海外の留学生にとって魅力ある教育プログラムを提供する大学を目指す。これが実現すれば、大学経営も安定します。もちろん、社会はグローバル人材を求めていますので、日本人学生にとっても大きなメリットがあります。夢も希望もある取組みとなります。

　このため、芝浦工大は、グローバル化を強化することにしました。そして、教員と職員が一体となって2014年のスーパーグローバル大学創成支援事業に、みごとに採択されたのです。

　一方で、グローバル化が大学の希望になるという考えは、必ずしも、学内に広く浸透していたわけではありませんでした。スーパーグローバル大学に採択されて迷惑だという教員も居たのです。

　そのとき、私が、学長として、学生に贈った言葉を紹介します。学生向けですが、実は、教員と職員に対するメッセージともなっています。

スーパーグローバル大学とはなんだろう

　世界は急速にグローバル化している。国境がなくなりつつある。経済も、文化も、スポーツも、企業も、人の交流も、そして大学もそうなんだ。

日本政府は、日本の大学が世界競争の中で生き残ってほしいと思っている

日本の大学も、世界に通用する大学にしたいと思っている

　そこで、文部科学省は、専門家の意見を聞いて、日本の未来を託せる大学を選定して、重点的に支援しようと決めた。それがスーパーグローバル大学なんだ。

　そして 2014 年 9 月に全国から 37 大学が選ばれた。

　芝浦工業大学は、私立の理工系で唯一選ばれた大学。みんなは、そのことを誇りに思ってほしい。

でも世界に通用する大学ってどんな大学だろう

1　まず教育を大切にする大学でなければならない

　かつては、大学は講義を用意して教えればよかったんだ。あとは、みんなの自己責任。

　しかし、世界の大学はそうではない。大学の講義によって「学生が何を学んだか」を大切にしている。そして、大学には学生を育てる責任があるとされているんだ

　それから専門しか知らないのもダメなんだ。社会に出て役に立つ力をつけることも大切とされている。

2　つぎに、教育だけではなく研究も大切にしている

　よい教育をするためには、先生たちは常に自分を磨いていなければらならない。だから、研究力も必要になる。ひとに教えるためには、自分も常に勉強していないといけない。当たり前だよね。

　そして、理工系大学では、最先端研究を通して学生を鍛えるというのも世界の常識なんだ。研究には国境がない。数学も、物理も化学も万国共通語。まさに、理工系の学問はグローバルな分野なんだ。

3　そして何よりもダイバーシティーが重要

　ダイバーシティー "diversity" は、日本語に訳すと多様性となる。教育も研究も、多様性のなかでこそ輝きを増すとされている。これが世界の常識。

　多様性には、性別や国籍や人種などがある。男女が一緒に教育研究に参加するのもダイバーシティー。そして、大学には日本人だけでなく、アジア人や欧米人など、いろいろな国のひとが集うというのが世界の常識なんだ。**教育研究に国境はない！**

では、スーパーグローバル大学の学生として何をしたらいいのだろうか。

まず、自分の大学がスーパーグローバル大学に選定されたということを、知ってほしい。そして、まわりの友達で知らないひとがいたら、ぜひ、そのことを伝えてほしい。

つぎに、「グローバル化」"globalization"ということを自分の頭で考えてみよう。それが第一歩。「グローバル化」が大切なんだと理解できたら、みずから、それに取り組めるはずだ。

これから、スーパーグローバル大学として、みんなには海外に行く機会が増えていくはずだ。ぜひ、そのようなプログラムに積極的に参加してほしい。「世界を見る」"see the world"ことは、ものすごく大切なんだ。みんなの先輩も、海外に行って、大きな刺激を受けてグローバル人材に育っている。そして、大学のグローバル化にも協力してくれている。

これから、キャンパスには、海外の留学生も増えていくはずだ。国際学生寮もある。大学として、いろいろな機会を増やしていくので、ぜひ、海外のひとたちと交流してほしい。いずれは、研究室に行けば、外国人留学生が必ずいるという時代がくる。

英語は大切だ。でも、それは受験科目として大切なのではない。英語は、世界の仲間とコミュニケーションをとるためのツールなんだ。将来、みんなは、文化や習慣の異なる世界のひとたちと仕事をすることになる。その時、英語が必要になる。

ただし、コミュニケーションをとるということは、英語で話すことがすべてではないということも分かっていてほしい。ジェスチャーも大事。それに、書いたり、模型をつくったり、絵にしたりすることも大切。世界最先端の研究論文には、必ず、図（Figures）が入っている。言葉だけでは分からないからだ。流暢に話すことより、相手に自分の考えを理解してもらうことが大切なんだ。

最後に

スーパーグローバル大学になったから、明日から、急にみんながグローバル人材になるということではない。そんなのは無理だよね。

せっかくスーパーグローバル大学にいるんだから、「グローバル化」が大切ということを認識してほしい。そして、そう思ったら、一日少しずつでも前に進んでいけばいいんだ。**大学は、前に進もうとするみんなを支援していくよ。**

　いかがでしょうか。どれだけ、私の考えが大学内に浸透したかは分かりません。ただし、メッセージとして、何かは伝わったのではないでしょうか。大学は急には変われません。それでも、一日一歩、少しでも良いからみんなが前進していけば、大学は変わることができるはずです。学生からは、「先生の話を聞いて、自分の大学を誇りに思うことができました」という声が聞かれました。

　そして、その意義を構成員である教員、職員、学生が納得して理解する必要があります。さらに、「この改革の先には希望がある」というメッセージを、学長が発信し続けることも大切です。それを教員、職員、学生が自分のものとして納得してくれれば、大学は変わることができます。

1.3. 職員を鼓舞する

　私立大学は、国立大学に比べると、公的補助金の額が圧倒的に少ないです。学生ひとりあたりでは 12 分の 1 程度とされています。このため、同じ学生数からなる大学間で比較した場合、教員ならびに職員の数も、当然、大きく異なります。**表1-2** に比較を示します。

　この表を見て、どのような感想を抱かれるでしょうか。こんなに物量の差が歴然としているのでは、私立大学は国立大学にはとても敵わないとあきらめてしまうひともいるでしょう。しかし、それでは前には進めません。補助金の額の差は制度の問題ですので、すぐには埋めようがありません。急に、国が私立大学への補助金を増やすこともないでしょう。

　ここで、私がいつも強調するのは、教職員の数だけで、その大学の体力や良さを判断してはいけないということです。実は、国立大学では、国の予算に大きく依存している期間が長かったため、必ずしも、教職員が一体となって何かをするという体制になっていないという事実があります（失礼な物言い

表1-2　芝浦工大と国立大学の比較

	学生数	教員数	職員数	補助金(億円)
芝浦工大	8600	320	180	13
国立A大	5500	400	360	68
国立B大	7000	750	980	112

※ 国立B大学は医学部と病院を附置する大学です

をご容赦ください)。さらに、部局どうしの対立[3]が激しく、大学としての一体感を形成にくいとも聞きます。(これも失礼ですね。)

　一方、私立大学は、教職員全員が同じ船に乗った仲間なのです。船が沈没しないように、みんなが協力しあうことができます。国立大学の教職員が1000人いたとしても、そのベクトルが一致しなければ、つまり、それぞれが別の方向を向いていればその和はゼロとなってしまいます。一方、私立大学では、教職員の数が300人と少なくとも、みんなが同じ方向を向けば、その力は、プラス300となります。もちろん、これは、極端な話でありますが、多くの教職員は納得して、私の話に耳を傾けてくれます。

　そのうえで、つぎの話も披露します。実は、国立大学の幹部職員、公立大学の幹部職員にはプロパーがほとんどいません。ところが、私立大学の部長、課長をはじめとする幹部職員たちの多くがプロパーなのです。さらに、大学の理事にも職員が数多く登用されています。

　つまり、大学経営に能動的に参加でき、責任のもてる、やりがいのある職場なのだと説いています。もちろん、体制の異なる私立大学もあるかもしれませんが、少なくとも、芝浦工大では、プロパーの職員が大学の幹部となり、なかには理事長になった職員もいるのです。2018年にはプロパーの女性職員が理事に就任しました。それだけ、チャレンジしがいのある職場というこ

3　国立大学における部局とは学部や研究所などのことで、独自に予算要求のできる単位のことのようです。年間予算は、人件費や教育研究費に影響するので、部局間の予算獲得競争は激しくなります。

とを職員に訴えています。

　私の話を聞いて、意気に感じ大学改革に協力してくれる職員が増えたと実感しています。昔の話ですが、大事な話になると会議から職員を排除したことがあると聞きました。重要案件は、教員だけで決めるという不文律があったようなのです。しかし、これでは大学運営はうまくいきません。

　大学を動かすのは、教員と職員です。これが両輪となって、教育研究ならびに大学改革を進める必要があります。よって教職協働は大学にとって、とても重要なことなのです。このことは、機会があるたびに、学長として発信しています。

1.4.　フォロワーシップ

　学長に求められる能力としてリーダーシップ（leadership）が挙げられます。また、教員や職員だけでなく、学生に対して、大学で育成すべき能力としてリーダーシップが取り上げられます。

　ただし、「船頭多くして舟山に登る」という諺[4]があるように、構成員が自分の思い込みで自己の意見を主張すると、まちがった方向に進んでしまうこともあります。大学運営も同じです。

　このとき、重要となるのがフォロワーシップ"followership"です。フォロー"follow"というと、なにかリーダーに盲従するという印象もありますが、決してそうではありません。

　フォロワーシップとは、「チームメンバーが、みずから考え、みずから行動することで、リーダーを支え、組織としての成果の最大化を図ること」を意味します。なにが組織のためになるかを常に念頭において行動するということです。

　とすると、フォロワーシップは学長にも要求されることになります。それ

4　英語では "Too many cooks spoil the broth"「コックが多いとスープがまずくなる」

は、組織を支えるフォロワー（教職員）を、学長も支えるということも意味します。まさに、日本語の「フォローする」に通じます。学長は、教職員の提案や意見に真摯に耳を傾け、それを尊重し、共によりよき施策に練り上げていく必要があります。つまり、学長には、リーダーシップと同時に、フォロワーシップも必要となるのです。明らかではないでしょうか。

1.5. 大学のブランド力を上げる

大学改革の重要な視点は、高校生や親から選ばれる大学になるということです。それは、どういう大学なのでしょうか。多くのひとが分かりやすい基準として採用しているのは大学の偏差値[5]です。**表1-3** は Benessse が発表している芝浦工大の偏差値です。2010 年と 2020 年のデータを示しています。2010 年当時は、建築学部がありませんでしたので、ブランクとなっています。

このデータを見れば、大学のレベルが 2010 年からの 10 年で確実に上がっていることが分かります。これは、これで嬉しいデータですが、偏差値がすべてではありません。例えば、多くの私立大学では偏差値を上げるために、推薦入試での合格者を増やして、一般入試の合格者数を絞っているところが多いのです。枠が少なければ、合格者の最低点も上がり、結果として、その大学の偏差値も上がるからです。しかし、この手法では、みかけの偏差値はごまかせても、本来の大学の実力を測ることはできません。

例として、世界大学ランキングなどのグローバルな指標にたった結果と比較してみると、偏差値とランキングの順位が必ずしもリンクしていないことが分かります。

しかし、この事実は、受験生には、あまり伝わっていません。高校の先生、特に進路指導の先生はとても忙しいです。800 近くもある大学が、どう変わっ

---

5 平均を 50 として、それからの偏差を示したもので、例えば、+10 の 60 ならば平均より、かなりレベルが高く、－10 の 40 ならば平均よりもレベルが低いということになります。ただし、発表する機関によって値が異なるのも事実です。

表 1-3　芝浦工大の偏差値の推移　(Benesse)

芝浦工大	2020	2010
工学部	64	55
システム理工学部	65	56
デザイン工学部	64	56
建築学部	67	＊

ているかの実情をすべて把握できているわけではありません。ましてや、偏差値が一部の一般入試の合格者で決まっていることまで配慮して、高校生に大学進学を指導できているわけではないのです。多くの先生も親も、自分が大学受験をしたときのイメージを強く持っています。ステレオタイプの大学のイメージを変えることは、なかなかできません。

　それでは、何をすればよいのでしょうか。私は、グローバル化が鍵を握っていると思っています。日本の中の古い固定観念を打破するためには、海外の視点を利用すればよいのです。海外の大学や、留学生が高い評価をしてくれれば、それが日本にも浸透します。このためには、常に世界に目を向け、世界の大学が何をしようとしているかを知り、そして、世界の大学とよきパートナーとなることが重要と思っています。

　芝浦工大が、どうしても 2014 年の「スーパーグローバル大学創成支援事業」に採択される必要があると感じたのには、このような背景もあります。起死回生のチャンスだったのです。

1.6. 教職協働を進める

　私は、教職員に希望を与えることとともに、学長の重要な仕事のひとつは、「教職協働」"staff-faculty partnership" の推進と考えています。私立大学の教職員数は、国立大学に比べて圧倒的に少ないです。とすれば、両者が協力して、(同じベクトルを向いて) 大学運営ならびに改革を進めるのは当然です。

　このため、2012年の学長就任から、機会があれば、教職協働の重要性を訴えてきました。「どうせ、いざとなったら梯子をはずされる」と半信半疑だった職員も、次第に、この学長ならば教職協働が進むと思ってくれたようなのです。

　そして、それが功を奏したのが、「スーパーグローバル大学創成支援事業」の獲得でした。この事業の採択は、2014年の1回限りです。もし、採用されれば、10年間にわたってグローバル化のための補助金が政府から支給されます。すでに、紹介したように、芝浦工大の発展のためには、グローバルは重要なキーワードです。

　ただし、かなりハードルの高いことも分かっていました。200にも及ぶ項目において、10年後の具体的な目標値を設定する必要があります。例えば、年度ごとの留学生数や、海外留学する日本人学生数、外国人教員の数や、学生のTOEICなどの成績目標など、申請書の雛形と、記載すべき項目を見ただけで卒倒しそうな数です。

　また、3年ごとの中間評価があり、成果がおもわしくなければ、途中で事業が打ち切りになる可能性もあるのです。実現不可能な高い目標を設定したのでは、自分の首を絞めることにもなります。実は、この申請書作成にあたっては、教員と職員の有志が、自主的に合宿を行い、過去の数値の精査、大学の現状、今後の対応などを加味したうえで目標設定をしてくれたのです。まさに、教職協働の成果でした。

　一方で、設定した目標が学長からの押し付けではなく、自分たちで設定したものでしたので、その達成に対する意欲はおのずと異なります。ぜひとも達成したいと努力をしてくれました。その結果、本学はSGU事業において成功を収めることができたと考えています。

　学長に就任して2年ほどが過ぎ、芝浦工大は教職協働がうまく行っていると自負するようになっていました。ところが、それを客観的にみる指標がありません。ここで、注目したのが文科省の教育改革（特色GPなど）のための競争的資金の獲得です。その獲得のためには、教員と職員が協力しあう必要

表 1-4　文科省の教育改革のための競争的資金獲得件数ランキング

順位	大学名	件数
1	**芝浦工業大学**	10
2	早稲田大学	9
2	金沢工業大学	9
4	上智大学	8
5	明治大学	7
5	立命館大学	7
5	関西学院大学	7
5	福岡工業大学	7

（2015 年　毎日新聞）

があるからです。教職協働がうまくいっていなければ獲得は敵いません。

　うれしいことに、2015 年に毎日新聞が、文部科学省の競争的資金獲得件数の大学別ランキングを発表してくれたのです。そして、**表 1-4** に示すように、芝浦工大が堂々の 1 位となりました。

　正直、この結果には驚きました。教育改革では、常に注目されている金沢工大や、職員力で有名な早稲田大学を抑えての一位です。さらに、上智、明治、立命館、関西学院と改革に熱心な大学の名前が連なっています。そして、急成長で注目されている仲間の福岡工大も入っています。

　数年前まで、外部の競争的資金への挑戦などありえないと思われていた大学が、こんなにも変われるのです。この結果を見て、教員も職員も「やればできる」という自信を深めました。

1.7. 世界大学ランキング

　日本の偏差値とは別に、大学のブランド力を測る指標として、世界大学ランキングがあります。前述したように、従来の固定観念を変えるためには、国内ではなく国外の視点を利用することも重要です。さらに、このランキン

グは年度ごとに第三者によって発表されますので、自分たちが進めている大学改革の成果をみる場としても利用することができます。

　実は、2003 年に私が芝浦工大に移ったときに、いくつかの海外機関から世界大学ランキングに興味がないかという問合せがありました。私が Japanese Journal of Applied Physics に投稿した論文が、この雑誌に発表された論文のなかで 20 世紀でもっとも引用数の高い論文となったことや、海外ジャーナルの論文数が 1000 を超え、引用数も 13000 を超えていたことから、研究者として海外からも注目されていたからです。ケンブリッジ大学やコーネル大学の外部評価委員を務めたこともあります。2003 年には、論文が Nature に掲載されました。2004 年から、本格的な世界大学ランキング調査を始めるので、ヒアリングを行っているということでした。

　芝浦工大もエントリーして欲しいという依頼もあり、何人かの先生に聞いたところ、問題外と言われました。当時は、世界大学ランキングは、それほど注目されていませんでした。さらに、国内での偏差値競争が大事であり、そのようなランキングには、高校生も教員も親もまったく興味がないだろうという意見でした。

　ところが、2005 年に UNESCO が発表した「国境の枠を超えた高等教育の質保証のガイドライン」が発表されたことから、世界標準の教育の質保証が注目され、世界の大学を国境を越えて格付けする世界大学ランキングにも注目が集まるようになったのです。日本では、指標が適正ではなく、偏っているなどの批判があり、それほど注視されていませんでした。しかし、2007 年頃から、日本においてもマスコミがランキング結果を取り上げるようになったのです。この年の、THE（Times Higher Education）発表の東京大学のランキングは 17 位でした。一般のひとには、この順位は低いと映ったようで、感心を集める原因ともなりました。2012 年には、THE の東大の順位は 27 位にまで下がりました。残念ながら、東大だけでなく、日本の大学のランキン

グは下がる一方でした[6]。

これに対して危機感をもった政府は、2013 年に発表した「日本再興戦略」において、世界大学ランキング上位 100 位以内に、日本の大学を 10 校ランクインさせるという目標を発表します。2014 年に募集したスーパーグローバル大学創成支援事業は、その一環でした。2020 年の THE 世界大学ランキングで、トップ 100 に入っている日本の大学は、2 校だけで、東大の 36 位と京大の 65 位です。

芝浦工大は、2016 年にランクインしました。その条件は、過去 5 年の論文が 1000 報を超えることです。それ以降は、毎年、ランクインしており、2020 年のランクは 1001+ となっています。この表示は、順位ではなく 1001-1200 の範囲に入っているという意味です。その上位は 800-1000 のグループですので、ここに入るのが次の目標となります。そのためには、教員一人ひとりが自覚をもって自己研鑽することが必要です。**表 1–5** に示したのは、仲間の理工系大学の論文数の推移です。芝浦工大の論文数が順調に伸びていることが分かります。2014 年には 280 報であったものが、2019 年度は 1 年間で 384 報となっています。東京理科大はさすがです。教員の数も多いのですが、コンスタントに論文を発表されており、研究力の高いことが分かります。ちなみに、私が教員となった 2003 年当時の芝浦工大の論文数は 100 にも達していませんでしたので、隔世の感があります。

このデータを示すと、教員も職員も自分たちの努力の成果が出つつあることが実感できます。このまま、順調に伸びていけば、さらなる発展も期待ができます。学長の使命として重要な「大学の将来には希望がある」ことを見せることができるのです。学生にも、このデータを見せて、「先生たちも頑張っているのだから、みんなも努力をしよう」と話しています。学生は、「自分たちも先生たちを見習って頑張ろう」という気持ちになってくれるようです。まさに、プラスの相互作用です。

6　理工系の優秀な研究者の業績だけ見れば、東大、京大を含めた日本のトップ大学の実力は、世界の最上位に位置していると私は思っています。

表1-5 Scopusによる論文数の推移 (Elsevier 社提供)

大学名 (教員数)	total	2014	2015	2016	2017	2018	2019
千葉工業大学 (277)	1234	196	194	172	226	249	197
工学院大学 (222)	1141	144	189	204	214	204	186
芝浦工業大学 (320)	1912	280	292	293	321	342	384
東京都市大学 (289)	1103	150	159	173	244	198	179
東京電機大学 (407)	1326	221	214	222	246	247	176
東京理科大学 (774)	7923	1284	1210	1344	1436	1373	1276

1.8. ランキング指標

　世界大学ランキングを発表している機関は数多くありますが、代表的なところは、すでに紹介した THE と QS (Quacquarelli Symonds) の 2 機関です。この他にも上海大学が発表している大学学術ランキング (Academic Ranking of World Universities) もあります。これは、中国が自国のノーベル賞を増やすことを目的として始めた大学ランキングです。よって、研究業績がメインとなります。

　実は、ランキングの指標については、毎年のように見直しが入っており、厳密な順位付けの点数を計算をすることはできません。ただし、一般的な傾向は分かっていますので、それを示します。

　まず、過去 5 年の論文発表数が 1000 件を超えていることがランクインのための条件です[7]。日本語で書かれた論文はカウントされませんので、国内の学会誌が発展している日本にとっては不利な基準です。国によっては、論文発表できるのは国際誌しかないというところも多いのです。

　そのうえで、教育、研究、論文引用数、国際性などが指標となります。こ

---

[7] ただし、この基準も変わっている可能性があります。また、データも、トムソン・ロイター社 (Thomson Reuters) の Web of Science を使用したりエルゼビア社 (Elsevier) の提供する Scopus を使用したりと変わっています。

の他、研究者どうしの評判なども加味されます。中でも引用数 (citation) が重要視されています。これは、発表した論文を、どれだけの研究者が引用してくれたかという指標になります。ただし、過去5年間の発表論文が対象ですので、いささか近視眼的です。このため、ある研究者が注目論文を発表すると、その大学のランキングがいっきに急上昇するという現象が見られます。2021年以降は、コロナ関連の論文の引用が上昇すると予想されています。このため、関連分野の論文を発表すべきという助言をする機関もあります。ランキングを上げるためには、そういう作戦もあるかもしれません。しかし、私は、一時的な流行に惑わされるべきではないと考えます。

　日本の大学が世界大学ランキングで苦戦しているのは、国際性です。留学生数、外国籍教員数、英語の開講科目数などが指標となります。しかし、これらを急に改善するのは難しいです。もともと日本の大学では教員の定員が決まっています。

　一方、海外の大学では、成果の出ない教員を解雇して、研究業績の優れた学者を欧米から招へいするところもあります。中国の大学などがそうです。これで、いっきにランキングを上げられます。ただし、日本の大学では、こんなことはできません。だから日本はダメなんだと非難するひともいます。しかし、簡単に人のクビを切るような大学は、短期的にはよいでしょうが、長い目でみればどうなのでしょうか。職を失ったひとにも家族や人生があります。教職員が安心して働ける場も大切と思います。

1.9. 日本大学ランキング

　世界大学ランキングでは苦戦していますが、日本の大学に来てみたいという海外の留学生は結構多いのです。**図1-1** は 2014 年に ASEAN の人々に対して、外務省が、どこの国がもっとも信頼できるかということを聞いたときの調査結果です。

　日本が 33% と圧倒的な1位でした。2位のアメリカが 16% ですから、そ

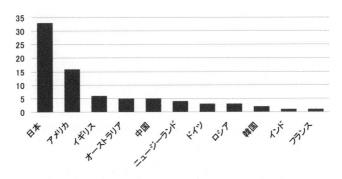

図 1-1　ASEAN を対象とした信頼できる国の調査結果

（外務省）

　の差は歴然としています。また、81％のひとが「日本は技術が進んだ国」という印象を持っています。このため、ASEAN 諸国では、日本で勉強したいという学生も多いのです。そこで、THE は、ベネッセの協力を得て、日本だけのランキングを発表することにしたのです。それだけ、日本の大学が注目されている証拠です。

　さて、大学のブランド力について偏差値の話をしましたが、日本大学ランキングは、その代替と言うよりも、別の視点から、日本の大学のブランド力を示すものとなります。さらに、世界に公表されていますので、留学生も目にするランキングとなります。

　ただし、世界大学ランキングとは、評価指標が異なります。教育リソース、教育充実度、教育成果、国際性の項目からなり、教育力に重きを置いているのが特徴です。それぞれの指標と項目ならびに換算重みを％で表示したものを**表 1-6** に示します。

　このランキングの特徴は、学生による評価や、高校教員からの評価が入っていることです。また、企業人事の評判調査も入っています。さらに、研究力については、教員ひとりあたりの論文数と研究費の獲得が教育リソースに含まれています。ですので、教育重視とはいえ、研究力も重要です。

表 1-6　THE 世界大学ランキング日本版 2020 の評価指標

教育リソース　1 学生一人あたりの資金(8%)　2 学生一人あたりの教員比率(8%)
3 教員一人あたりの論文数(7%)　4 大学合格者の学力(6%)
5 教員一人あたりの競争的資金獲得数(5%)
教育充実度　1 学生調査：　1-1 教員・学生の交流、協働学習の機会(6%)
1-2 授業・指導の充実度(6%)　1-3 大学の推奨度(6%)
2 高校教員の評判調査：　2-1 グローバル人材育成の重視(6%)
2-2 入学後の能力伸長(6%)
教育成果　1 企業人事の評判調査(8%)　2 研究者の評判調査(8%)
国際性　1 外国人学生比率(5%)　2 外国人教員比率(5%)
3 日本人学生の留学比率(5%)　4 外国語で行われている講座の比率(5%)

　このランキングが発表されると聞いて、学内で話し合いをしました。この指標をみる限り、国立大学や総合大学が有利です。全体では 100 位以内に入れれば十分貢献したとみなせるということも話をしていました。

　ここで、2020 年 3 月に発表された日本大学ランキングにおける私立大学のトップ 10 を**表 1-7** に示します。

　この表には、参考データとして、スーパーグローバル大学 (SGU) に採択されているかどうか、国公私立を入れた総合順位、ならびに THE 世界大学ランキングの結果も示しています。

　芝浦工業大学は、私立大学で 8 位に位置しています。この結果は、教職員に自信を与えるものでした。彼ら彼女らは、大学改革に頑張ってくれています。しかし、それが結果に表れないのでは、士気にも影響が出ます。このように、第 3 者の評価結果として成果が可視化できるのは、重要なことなのです。

　世界大学ランキングでは過去 5 年に論文 1000 報という条件がありますが、これは小規模大学や、文系には不利です。よって、日本大学ランキングでは世界大学ランキングには入っていない 4 校が顔を出しています。これは、正当な評価と思います。さらに、SGU 大学が 7 校も入っています。

　ただし、このままでは、どのような箇所を改善すればよいのかが分かりません。そこで、表 1-7 に示した評価指標ごとの分析をしてみました。その結

表1-7　2020年THE日本大学ランキング　（私立大学top10）

順位	大学名		総合順位	THE世界
1	国際基督教大学	SGU	11	-
2	早稲田大学	SGU	13	601-800
3	慶応義塾大学	SGU	14	601-800
4	上智大学	SGU	20	1001+
5	立命館アジア太平洋大学	SGU	21	-
6	立命館大学	SGU	33	1001+
7	豊田工業大学		34	-
8	芝浦工業大学	SGU	35	1001+
9	神田外語大学		36	-
10	東京理科大学		39	801-1000

表1-8　THE日本大学ランキングの指標ごとの評価結果

	大学	総合	教育リソース	教育充実度	教育成果	国際性
1	国際基督教大学	74.3	52.8	90.5	60.6	97.6
2	早稲田大学	71.5	52.7	79.3	93.0	74.6
3	慶應義塾大学	70.2	60.8	76.3	93.7	58.2
4	上智大学	66.5	43.4	82.8	66.3	81.3
5	立命館アジア太平洋大学	66.2	33.7	84.3	60.4	99.0
6	立命館大学	62.3	42.3	78.8	68.5	66.8
7	豊田工業大学	61.9	76.8	56.1	57.8	48.6
8	芝浦工業大学	61.3	48.8	71.5	61.6	66.9
9	神田外語大学	61.2	35.8	82.6	55.5	76.8
10	東京理科大学	60.7	55.6	78.6	69.5	35.6

果を**表1-8**に示します。

　指標の重みは、教育リソース34%、教育充実度30%、教育成果16%、国際性20%です。

　この結果をみると、国際基督教大学と立命館大学アジア太平洋大学の国際性が非常に高いことが分かります。また、国際基督教大学では、教育充実度

が高く、学生満足度が高いことが予想されます。さすがです。この大学の卒業生はグローバルに活躍しています。

　芝浦工大は、論文数も多く、外部資金獲得額が多いにもかかわらず、教育リソースの得点が低いです。なぜ、そうなるかを分析し、次年度以降に活かすことを教職協働で話し合っています。私は、点数の低い項目があるということは、逆に伸びしろがあるという見方をしようと説いています。こう考えれば、将来に希望が持てます。日本大学ランキングは 2017 年から始まりました。**表 1-9** に 2018 年から 2020 年までの 3 年間の推移を示します。主要な私立大学と、仲間の理工系大学の結果を併せて示しています。

表 1-9　THE 日本大学ランキングの推移（総合順位）

大学名	2018	2019	2020
早稲田大学	11	13	13
慶應義塾大学	10	14	14
芝浦工業大学	**48**	**44**	**35**
東京理科大学	30	36	39
立教大学	27	41	47
学習院大学	61	48	49
明治大学	35	54	53
中央大学	51	53	60
東洋大学	66	73	64
法政大学	53	56	68
青山学院大学	50	78	72
金沢工業大学	93	out of ranking	101-110
明治学院大学	74	75	111-120
工学院大学	131-140	111-120	121-130
福岡工業大学	121-130	131-140	121-130
東京都市大学	< 151	121-130	141-150
千葉工業大学	131-140	131-140	141-150
東京電機大学	121-130	131-140	151-200
大阪工業大学	< 151	out of ranking	151-200

芝浦工大は、毎年順位を上げています。仲間の理工系大学もランクインしていますが、少し苦戦しています。これは、ランキングの指標が、総合大学や国立大学に有利となっていることも背景にあります。例えば、教員ひとりあたりの学生数など、私立大学には不利です。

一方で、よく分析してみると、順位の違いほど大きな差がないことも分かります。したがって、順位だけに注目していると本質を見誤ります。ランキングの順位はあくまでもひとつの参考指標であり、それぞれの項目の点数の変化にも注目すべきです。いずれ、不断の大学改革を教職協働で進めることを主眼に置くことが大事です。

1.10. 大学改革の成果

自分たちが進めている大学改革がうまくいっているのかどうか。これは、教職員にとって、とても重要なことです。いくら努力しても成果が出ないのであれば、構成員の意欲が失われてしまうからです。

先ほど紹介した日本大学ランキングの年度推移では、本学の大学改革の成果が表れています。ただし、私は多面的な評価が必要と考えています。このためには、IR を活用して、常に、多くの指標を注視している必要があります。ここでは、グローバル化のプラスの影響について紹介したいと思います。**表 1-10** は、日経 400 社への就職率の年度推移を示したものです。

実は、芝浦工大は 2017 年からトップ 10 に入りましたが、その後も順調に順位を上げており、2019 年は 4 位となっています。私は、この上昇の背景のひとつには大学のグローバル化があると考えています。2014 年にスーパーグローバル大学に採択されて以降、大学を挙げて、グローバル化に取り組んできました。そして、芝浦工大生のグローバルマインドも確実に向上しています。かつては、成績優秀な学生でも、面接で海外赴任の可能性を聞かれて、行きたくないと応えるケースが結構あったと聞きます。

いまでは、多くの学生が海外経験をしていますし、大学には海外留学生が

表 1-10　日経 400 社への就職率の私立大学トップ 10

（卒業生数が 1000 人以上の私立大学、大学通信）

	2017		2018		2019	
1	慶應義塾大学	46.5	早稲田大学	37.2	東京理科大学	38.9
2	上智大学	38.3	東京理科大学	36.8	早稲田大学	36.7
3	早稲田大学	37.7	上智大学	33.5	上智大学	34.1
4	東京理科大学	34.6	芝浦工業大学	31.2	芝浦工業大学	32.2
5	同志社大学	31.2	青山学院大学	30.9	同志社大学	31.6
6	学習院大学	30.6	同志社大学	30.5	青山学院大学	30.1
7	芝浦工業大学	30.5	明治大学	28.4	明治大学	28.9
8	青山学院大学	29.0	学習院大学	27.5	関西学院大学	26.2
9	関西学院大学	28.4	関西学院大学	26.7	立教大学	26.0
10	明治大学	28.2	立教大学	25.8	立命館大学	23.9

※　2018 年以降は、慶應義塾大学はデータを公表していないため、ランキングに入っていません

　たくさんいます。海外がとても身近になっているのです。**図 1-2** に、芝浦工大の海外経験者の年度推移を示します。

　2014 年には 518 人でしたが、2018 年には 1671 人まで増えています。この数字には、短期留学も含まれていますが、たった 2 週間程度であっても、パートナー大学の学生と英語でコミュニケーションをとり、一緒に寝食をともにするなど海外で生活した経験があれば、自信もつきます。この友人関係は一生続く宝です。

　グローバル企業にとっては、海外進出は当たり前のことですから、グローバルマインドに優れた学生に来てほしいはずです。これが、優良企業への就職率が増えている理由のひとつと考えられます。2020 年のデータも発表されたので、**表 1-11** に示します。

　芝浦工大は、堂々の 3 位に入っています。もちろん、ランキングがすべてではありません。しかし、大学改革を進めてきた教職員には勇気を与える結

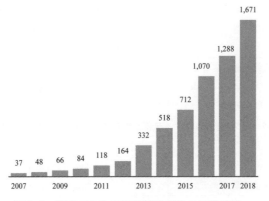

図 1-2　芝浦工大生の海外経験者数の年度推移

表 1-11　2020 年日経 400 社就職率トップ 10

（卒業生が 1000 人以上の私立大学）

1	東京理科大学	38.0
2	早稲田大学	34.7
3	**芝浦工業大学**	33.0
4	上智大学	31.0
5	同志社大学	30.7
6	学習院大学	30.6
7	青山学院大学	29.1
8	明治大学	28.4
9	津田塾大学	25.8
10	関西学院大学	25.6

（大学通信）

果と思います。確実に成果が表れているからです。

　それでは、高校生の志願度はどうなっているのでしょうか。リク
ルートが毎年高校 3 年生を対象として調査している関東圏の理系志願
度を**表 1-12** に示します。2019 年度におけるランキングでトップ 10 に
入った大学を示しています。参考までに、過去 3 年のデータも付しています。

　芝浦工大は、順調に順位を伸ばしています。さすがに理科大は 1 位です。

表1-12　関東圏の理系志願度トップ10

2019年	2018年	2017年	大学名
1	2	2	東京理科大学
2	3	3	明治大学
3	5	15	**芝浦工業大学**
4	4	1	早稲田大学
5	8	8	北里大学
6	6	9	千葉大学
7	11	5	慶應義塾大学
8	6	10	筑波大学
8	9	6	東京工業大学
8	1	3	日本大学

明治や早稲田も根強い人気があります。芝浦工大は、理学部や薬学部がないので、やや不利ですが、2019年には堂々の3位となっています。これは快挙ではないでしょうか。

　ただし、課題もあります。男子の志願度は高いのですが、女子は低迷しているのです。本学が進めている男女共同参画推進をもっとアピールすれば変わるはずです。さらに、日本の大きな課題として、機械や電気などの工学系に進む女性の割合を増やす必要があります。これは、日本が飛躍するための重要な鍵と思っています。

1.11. 大学の進む方向を示す

　冒頭で、学長は教職員や学生に夢と希望を与えることが大切という話をしました。そのためには、大学がどのような施策をとり、どのような方向に進むべきかを示す必要があります。

　芝浦工大は1927年に創立されましたので、2027年に100周年（centennial）を迎えます。そこで、100周年に向けた目指すべき大学像を示すことにし

表 1-13　100 周年、2027 年の芝浦工大の目指すべき姿

Centennial SIT Action

アジア工科系大学トップ 10
Top 10 ranked Asian Technical Universities

1　理工学教育日本一（教育）
Institute for the very best education in engineering and sciences

2　知と地の創造拠点（研究）
Center of Excellence for global and regional researches

3　グローバル理工学教育モデル校（グローバル）
Top global university for technological education

4　ダイバーシティー推進先進校（多様性）
Institution to celebrate diversity and inclusion

5　教職協働トップランナー（教職学協働）
University administration based on faculty & staff partnership

---

ました。これも、教職協働でつくりました。そして、それを Centennial SIT Action としました（**表 1-13** 参照）。Action としたのは、実際に実行に移すという決意を示したものです。

　大学全体の目標すなわち KGI（Key Goal Indicator）として、アジア工科系大学トップ 10 を掲げています。もちろん、大学ランキングも意識していますが、世界から見たときに、芝浦工大と聞けば、アジア工科系の代表的な大学として海外から認知されることを目標としているのです。よって、THE や QS だけでなく、いろいろな世界大学ランキングのデータにも目を配りながら行程管理をしています。

　さらに、1 教育、2 研究、3 グローバル、4 ダイバーシティーにおいて目指すべき大学像を掲げ、それぞれに KPI（Key performance indicator）も設定しました。その数は膨大となります。ただ、それはそれでよいのではないでしょう

か。項目さえ決まれば、数値データを示すのは簡単です。問題は、教職員が
その数値をどのように捉え、そのうえで、どういう方向に進むべきかを、自
らの責任で考えることなのです。さらに 5 として、1 から 4 までの KGI なら
びに KPI を、教職協働で推進するということを宣言したのです。

　次章以降では、それぞれの項目について、大学が進めている施策を、時代
背景や社会状況とともに説明していきたいと思います。

第2章　教　育

　あるシンポジウムでの参加者のコメントが印象に残っています。「自分は機械いじりが大好きで、ある大学の機械工学科に進学した。しかし、入って一年目は機械にさわることはなく、純粋数学や難解な物理、第二外国語などに苦しめられ、意欲を失った。いまの大学では、そのような落伍者を出さない教育をしてほしい」と言われたのです[1]。

　残念ながら、多くの大学では、いまだに同様の教育が行われています。1991年の大学設置基準の大綱化（一種の規制緩和）以降、教養学部は消えつつありますが、いまだに、当時と同様の共通教育は行われています。教養教育の意味がないと言っているわけではありません。豊かな生活を送るためには、幅広い教養は必要となるからです。しかし、機械工学に興味を持って大学に入った学生にとって、実学から離れた空論を延々と教えられたのでは、やる気がなくなるのも納得できます。もちろん、機械工学の基礎となる数学や物理はありますから、それを教えてくれればよいのです。しかし、これら学問を専門とする先生は、分野の造詣は深いのですが、機械工学にどのように使われているかは、あまり知りません。さらに、専門家として「大学生ならば、これくらいできて当たり前」という信念のもと、教育にあたっている

---

[1]　1991年の大学設置基準の大綱化までは、教養部があり、学生は1年半をかけて一般教養科目「人文」「社会」「自然」の3分野で、2科目8単位以上合計36単位の履修が義務付けられていました。外国語は「英語」が8単位、第二外国語（独、仏、中、露）8単位の計16単位が必修でした。

ようなのです。そこまで達しなければ不合格となります。"do not teach as an expert"とよく言われます。高度な専門知識を有するひとは、初心者がどこでつまずくかが分からないのではないでしょうか。そこで、例えば共通系の先生と専門学科の先生が協働で教科書をつくったり、講義そのものを共同開講することが望ましいと考えています。すでに、その試みも始まっています。

　また、卒業論文研究など自ら能動的な研究に取り組んで始めて、自分が学んだ数学や物理、化学などの基礎の大切さが分かる場合が多いのです。大学の教員になった方からも同様の話をよく聞きます。

　研究開発の現場においては、数学などの基礎学問を使って分析や解析をします。回帰分析などの統計処理はもちろんですが、フーリエ解析や熱力学などもそうです。いま注目を集めているデータサイエンス（Data Science）にも基礎数学が使われています。そして、これら基礎が、どのように利用されているかを経験することで、より深い理解が得られるようになります。

　「そうか、1年のときに習った数学は、このように実践に使われているのだ」と気づくと、興味も違ってきます。まさに、アハ体験です。実践に使ってこそ学問は生きるのです。

　卒論研究を始める前にその重要性が理解できていれば、学習に対するモチベーションも上がるはずです。そこで、共通教育においても、基礎学問が、将来どのような役に立つのかを説明いただくようお願いしています[2]。

　孔子（Confucius）の教えにつぎのようなものがあります[3]。

What I hear I forget	聞いたことは忘れてしまう
What I see I remember	見たことは覚えている
What I do I understand	自らやってみたことは理解できる

　実践に活かしてこそ、学問は身につくのです。"I do and I understand." です。

2　このような考えのもと、応用を念頭に置いた数学や物理の基礎を学ぶ「なるほどシリーズ」を海鳴社から出版しています。版を重ね23冊となっています。

3　孔子の教えということを明示した文献はないようです。老子の教えではないかと言う説や、後世のひとがつくったものという説もあります。

自動車の構造や機構をいくら学んでも運転はできません。教習所で実践を積んではじめて運転できるようになります。

この課題に関して、いくつかの大学が新しい試みを始めています。オナーズプログラム "honors program" と呼ばれたりもしますが、1年次や2年次において、学生を研究室に配属するという制度です。つまり、機械工学科に入った学生が、機械工学が専門の先生の研究室に所属して、先生や大学院生などの指導のもと本格的な研究を行うというプログラムです。

1年次では早すぎるという指摘もありますが、このプログラムを経験した学生は、学習へのモチベーションも高く、早くから国際会議などにも興味を持ち、大学院進学率も高いという報告があります[4]。

簡単ではありませんが、ぜひ、この制度を導入したいと考えています。「鉄は熱いうちに打て」"Strike iron while it is hot" という諺があります。まさに、機械、電気、材料、化学、生物、情報、通信、土木、建築などを目指す学生の熱い気持ちが冷めぬ間に、鍛えるということが大事ではないでしょうか。

2.1. 教育の質保証

いま、世の中では「高等教育の質保証」"Quality assurance of higher education" が叫ばれています。質保証については、いろいろな側面がありますが、その要点のひとつは、教育の重点を「学生に何を教えたか」"what is taught" から「学生が何を学んだか」"what is learned" へシフトすることと言えます。

大学の教育によって、どれだけ学生が伸びたか、つまり学修成果 "learning outcomes" を重要視するという姿勢です。

大学は、各学部、学科ごとに科目群を用意し、必修、選択必修、選択科目などに分類し、学部学生は卒業要件を満たしたうえで124単位を取得すれば学位が付与されます。これは、昔もいまも変わりません。

---

4 例えば、神奈川工科大学が2014年から設置した「オナーズプログラム」の「特別サイエンス専攻」の試みは素晴らしいものです。所属学生の報告にも感心させられました。

　ただし、かつての大学では、単位付与については、教員の裁量に任されており、単位が取得できないのは、学生の自己責任とされていたのです。このため、クラスのほぼ全員が落第というケースもありました。マスコミは、このような教員を教育熱心で素晴らしいと持ち上げたりもしました。そして、できない学生が悪い。彼らが、ちゃんと勉強していれば合格できるはずと言うのです。その背景には、日本の大学はレジャーランドで、学生は遊んでいるという偏見があったと思います。

　私にも経験があります[5]。大学時代にドイツ語の教員が「私はクラスの 8 割を毎年落としている。お前らも覚悟しておけ」と豪語したのです。このような宣言をされた学生は戸惑うばかりです。しかも、授業内容も分かりません。私は、仕方がないので NHK ラジオのドイツ語講座を独学でマスターして難を逃れました。

　当時は、どのような授業がなされ、どうすれば合格できるかが明示されていませんでした。これでは、学生は対処のしようがありません。幸いなことに、いまでは、このような教育は質保証がされていないとみなされるようになりました。

　そして、シラバス（syllabus）が整備され、すべての科目に対して、授業内容や到達目標、予習復習すべき課題、そして評価指標などを事前に学生に提示する約束となっています[6]。つまり、学生が選択した授業で、どのようなことを学び、どの程度のレベルに達すれば合格できるかが分かるようになっているのです。

　ただし、まだ問題があります。高校までであれば、学習指導要領があり、高校や教員に関係なく、学習範囲や到達目標が明示されています。ところが、大学にはこのような指針がないのです。これは、大学は義務教育ではなく、

5　いまから 45 年も前の話です。当時は、このような先生が何人か居て、学生の間では、鬼の〇〇と呼ばれていました。ところが、いまだに、このような教員がいると聞きました。驚きを禁じ得ません。

6　残念ながら、シラバスがいまだに整備されていない大学もあります。また、同じ大学であっても、教員によってはシラバスに十分な情報を載せていないこともあります。

34

自ら学ぶ場であること、そして、学問の自由によって、教育内容が各大学の裁量に任されているという背景があります。ただし、この状況も変わりつつあります。

2.2. 大学の約束：3ポリシー

　大学というのは、本来、自由に学問をする場であり、教育内容も、教員、学生の自由に任せるべきという主張もあります。しかし、これでは、教育が体系化されません。大学の大きな使命は「ひとを育てる」ことにあります。そして、大学教育を通して、社会や世界の持続的発展に貢献できる人材を育成することが、大学には求められています。

　このため、大学は3ポリシー[7]を明示しなければなりません。3ポリシーとは、それぞれディプロマポリシー（diploma policy）「学位授与の方針」、カリキュラムポリシー（curriculum policy）「教育課程編成・実施の方針」、アドミッションポリシー（admission policy）「入学者受入れの方針」のことです。

　まず、ディプロマポリシー「学位"diploma"授与の方針」は出口に相当します。つまり、大学として「どのような人材を育成するか」を宣言するのです。これには、「大学卒業時に求められる学士力」"graduate attributes"として、学部4年間で修得すべき知識や能力も明示されます。このポリシーでは、大学としての大局的な目標から、学部、そして学科へと階層化される必要もあります。つまり、大学としての大きな人材育成目標から、より詳細な学科の目標に向けて、一貫して整合性のとれたかたちで提示する必要があります。

　芝浦工大では、「世界に学び、世界に貢献できるグローバル理工学人材の育成」が大学の目標となっています。世界への貢献に関しては、その持続発展を念頭に置き、SDGs（sustainable development goals）の17の目標を意識したものとなっています。そのうえで、学部、学科の特徴を活かした具体的な目標

7　3ポリシーという言い方は世界共通ではないと思われます。つまり、和製英語であり、このまま話しても、必ずしも海外の大学人には通じない可能性があります。

が設定されているのです。

つぎは、カリキュラムポリシーです。ここでは、ディプロマポリシーで示した「育成したい人材像」に必要とされる能力を育てるために、どのような教育課程を編成し、どのような教育内容・方法を実施し、学修成果をどのように評価するのかを定める基本的な方針となります。当然、このポリシーも、大学、学部、学科と階層化されている必要があります。特に、学科レベルでは、カリキュラムマップ "curriculum map" というかたちで、初年次から4年次までに、どのような科目群を履修すべきかというモデルケースも提示されます[8]。

ディプロマポリシーとカリキュラムポリシーが明示されていれば、学生にとっては、4年間で何を目標にして何を学ぶべきか、そして、そのための学びの過程をどのように設計すべきかの指針が得られることになります。

最後が、アドミッションポリシーです。これは入口になります。大学として、どのような人材に入学して欲しいかを示すポリシーです。当然、このポリシーも、大学、学部、学科と階層化されている必要があります。ただし、個人的にはアドミッションポリシーは、あくまでも参考でよいと考えています。

学生は、大学4年間で成長もしますし、教育によって考え方やものごとの捉え方も変わります。芝浦工大でも、入学時には「英語がきらい」「海外なんて行きたくない」と言っていた学生が、海外での経験をきっかけに視野を広げ、いまでは、若くしてグローバル企業の重役になっている学生もいます。ひとは変わることができるのです。このことを忘れてはいけません。

2.3. 世界標準

このように、多くの大学では3ポリシーを整備し、学生が修得すべき学習目標や教育内容、教育手法、評価方法などを明示していますので、教員にも

8　もちろん、学生には履修科目を選ぶ自由度は残されています。コアカリキュラムはありますが、教養科目などは、ある程度自由に選択することができます。

学生にも分かりやすくなっています。

とは言え、大学の〇〇学科を修了したら、どのような能力が身についているのかということが、社会一般からは分かりにくいのも事実です。

「大学の情報工学科を卒業したら、こういうソフトウェアを使いこなせて、こんなプログラミングができます」ということが明らかになれば、教育の質保証という点からも明確ですし、学生を採用したい企業側にとっても大きなメリットがあります[9]。

ただし、大学には小中高の学修指導要領に対応した基準は設けられておらず、各大学が設定する卒業認定基準に依拠しています。ただし、この基準では、単位認定がなされたという事実だけで、学生が修得した能力については明記されていないのです。また、どのような科目を選択し、どのレベルに到達すれば認定されるかについても大学の裁量に任されており、学問分野ごとの標準がないのが現状です。

そんな基準があったら、学問の自由が失われ、大学の自治に反するという指摘もあるでしょう。しかし、第三者からみたときに、ある大学を卒業した学生の能力がどの程度なのかの指標がないのでは、客観的な評価が難しいのも事実です。このため、工学・農学・理学系分野では、教育プログラムそのものを認定する制度も導入されています。この制度の優れた面は、日本だけではなく、グローバルスタンダードに則った認定制度という点にあります。日本では、非政府組織の日本技術者教育認定機構 (JABEE) が認定を行っています。JABEE の認定基準は、技術者教育認定の世界的枠組みであるワシントン協定（Washington accord）などに準拠しており、認定プログラムの技術者教育は国際的にも認められているのが大きな特徴です。

このように、大学教育には大きな自由度がある一方で、世界的な流れとして、ある分野の学士を育成する教育プログラムには一定の標準が設けられる

9　いまディプロマサプリメント（diploma supplement）として、大学教育によって身につけた能力を具体的に明示する試みが、多くの大学で進められています。もともとは、ヨーロッパのボローニャプロセスで単位互換をするために導入されました。

ようになっているのです。ちなみに、JABEE において規程されている学習・
教育目標に含まれるべき内容としては、つぎの9項目が挙げられています。

表 2-1　JABEE で規程されている学習教育目標

(a) 地球的視点から多面的に物事を考える能力とその素養
An ability of multidimensional thinking with knowledge from global perspective

(b) 技術が社会や自然に及ぼす影響や効果、および技術者が社会に対して負っている責任に関する理解 (技術者倫理)
An ability of understanding of effects and impact of engineering on society and nature, and of engineers' social responsibilities (engineering ethics)

(c) 数学、自然科学および情報技術に関する知識とそれらを応用できる能力
Knowledge of and an ability to apply mathematics, natural sciences and information technology

(d) 該当する分野の専門技術に関する知識とそれらを問題解決に応用できる能力
Knowledge of the related engineering disciplines, and an ability to apply it to solve problems

(e) 種々の科学、技術および情報を利用して社会の要求を解決するためのデザイン能力
An ability to design to respond to requirements of the society by using various sciences, technologies and information

(f) 日本語による論理的な記述力、口頭発表力、討議等のコミュニケーション能力および国際的に通用するコミュニケーション基礎能力
Communication skills including logical writing, presentation and debating in Japanese and fundamental communication skills on the international scene.

(g) 自主的、継続的に学習できる能力 (生涯学習力)
An ability of independent and life-long learning

(h) 与えられた制約の下で計画的に仕事を進め、まとめる能力 (プロジェクト遂行能力)
An ability to manage and accomplish tasks systematically under given constraints.

(i) チームで仕事をするための能力 (チーム活動能力)
An ability to work as a team member

　いかがでしょうか。これらの能力をすべて完璧に備えているのはスーパー
マンですね。もちろん、これらの能力を 100% 修得しろと言っているので
はありません。能力獲得の基準として、達成度 (rubrics) が設定されていて、
ある程度以上のレベルをクリアできていれば合格となるのです。
　また、多くの大学では、学科のカリキュラムで、どの科目でこれら能力を
育成できるかの対応表を用意しています。
　私は、学生には、社会に出て活躍するためには、これら能力が必要とされ

ていることを自覚して、少しでも、その目標に到達できるように努力することが重要だと伝えています。完璧は求めていないのです。

2. 4. 世界の教育改革

　世界経済や産業のグローバル化は、1980 年代に急速に進んだと言われています。その結果、国家間の競争も激化しました。国際社会でライバルと伍して発展していくためには、それを支える人材が重要となります。「ひと」こそが国の財産だからです。そして、各国のリーダーは、あらためて高等教育の重要性を認識し、自国の教育改革の必要性に気づきます。

　1979 年には、エズラ・ボーゲル（Ezra Vogel）氏が "Japan As Number One" という本を執筆しました。当時は、日本の経済成長がすさまじく、世界一位のアメリカに迫る勢いがありました。戦後すぐの "made in Japan" は、まがいものの代名詞でしたが、当時の "made in Japan" は、耐久性と使いやすさ、そしてコストパフォーマンスに優れた製品の代名詞となっていたのです。この本については、日米摩擦を助長したという評価もありますが、別な視点でみると、Vogel は、この本の中で、日本の発展は、その教育力にあると看破していたことが興味深いと感じています。やはり、教育こそが国が発展する源泉なのです。ただし、残念なことに、当時の日本の大学教育に関しては「見習うところはない」と厳しい評価をしていました。ちょうど、私が大学生の頃ですが、彼の指摘はよく分かります。ただし、卒業論文研究は別です。私は、卒論は究極のアクティブラーニングであり、日本が世界に誇るべき少人数教育であると考えています。これについては、次章でも紹介します。

　一方、アメリカは、当時の主要産業であった半導体の最先端分野において日本から急激な追い上げにあっていました。自動車も日本車がアメリカ市場を席巻していたのです。1981 年に大統領に就任したロナルド・レーガン（Ronald Reagan）氏は、このままではアメリカの主要産業は、日本を代表とする海外の国々に負けてしまうという危機感を抱いていました。さらに、アメ

リカの子供たちの成績の低迷にも愕然としたそうです。1983 年に大統領の
諮問を受けた委員会が"A Nation at risk"「危機に瀕する国家」という報告書を
提出します。そこには、アメリカ再生のためには、教育改革が必要であると
書かれていました。

　1979 年にイギリスの首相に就任したマーガレット・サッチャー（Margaret
Thatcher）女史も、教育改革に着手した国家首脳のひとりです。教育予算にメ
スを入れたことから出身のオックスフォード大学から名誉博士号をもらえな
かったという逸話があります。そして、彼女は大学にも成果主義を取り入れ
たのです

　さらに、1997 年にイギリスの首相になったトニー・ブレア（Tony Blair）氏
も教育改革に熱心でした。彼は、選挙キャンペーンで

"Three top priorities are education, education, education."

と連呼しています。重要政策は、1 に教育、2 に教育、3 にも教育という
わけです。

　一方、この頃から日本では「ゆとり教育」が始まります。受験地獄や偏差
値教育などの日本の教育に対する批判的な言葉がマスコミでさかんにとり上
げられるようになりました。暗記が中心の詰め込み主義や、受験競争が、い
じめや非行、不登校を引き起こしていると非難されたのです。そして、ゆと
りのある教育に転換して、活きる力を育てようという教育改革が始まりまし
た。

　私は、その趣旨には賛同しています。暗記ではなく、総合的な学習時間の
導入で、子供たちに活きた学問の応用を経験させることは大切です。孔子
（Confucius）の教えの"What I do I understand"にも通ずる考えです。残念なが
ら、その趣旨は現場には十分に伝わらないまま、2001 年には、学習時間の
縮減や学習内容の 3 割削減などが実施されました。しかし、子供の学力低下
が指摘されるようになったことから、2008 年に方針が転換されたのです。

　1980 年代、外国から、その教育が評価されていた日本では、教育の負荷
を緩和する方向に舵をきりました。過度の競争に対する批判もあったからで

す。しかし、スポーツでも音楽でも、よきライバルと競い合うことでひとは上達します。競争自体は、決して悪いことではないはずです。

　一方で、多くの国では、教育の重要性が再認識され、高等教育（大学ならびに大学院）の実質化も始まりました。そして、1990年代には、高等教育のグローバル化が始まったと言われています。つまり、多くの学生が国境を越えて、他国の大学に進学するようになったのです。

2.5. ボローニャ宣言と大学改革

　1999年に、ヨーロッパ29カ国の教育大臣が、大学発祥の地であるイタリアのボローニャに集まり、ヨーロッパの高等教育の改革を訴えました。この時、発せられたのが、有名なボローニャ宣言（Bologna declaration）です。この宣言の骨子は以下の文章にまとられます。

> It has put in motion a series of reforms needed to make European Higher Education more compatible and comparable, more competitive and more attractive for Europeans and for students and scholars from other continents.

ヨーロッパの高等教育が、ヨーロッパの人々だけでなく、他の大陸の学生や学者にとっても魅力的となるような数々の改革を断行すべきとしています。当時は、ヨーロッパの大学制度は国によってまちまちであり、国境を越えた教育が難しい状況にありました。そこで、ヨーロッパ域内では、国が違っても学位認定の質と水準が同レベルとして扱えるように整備することが合意されたのです。この一連の行政会合と合意のことをボローニャプロセス（Bologna Process）と呼んでいます。

　ボローニャ宣言が発せられた背景には1990年代に始まった高等教育のグローバル化がありました。ヨーロッパの多くの学生が、アメリカの大学に進学しだしたのです。ヨーロッパの大学には、学費が無償のところも多かったのですが、それにもかかわらず、学費の高いアメリカのスタンフォード大、MITやアイビーリーグの大学に進学するようになったのです。それだけ、

アメリカの大学に魅力があったということです。これに慌てたヨーロッパ各国が、大学改革に舵をきったのです。

　もちろん、1999 年以前にも問題意識がなかったわけではありません。ヨーロッパではエラスムス計画 (The European Community Action Scheme for the Mobility of University Students : ERASMUS) が 1987 年に発表されています。この計画は、科学・技術分野などにおける EC: European Communities (現在は EU: European Union) 加盟国間の人物交流協力計画の一つです。大学間交流協定等による共同教育プログラムを積み重ねることによって、「ヨーロッパ大学間ネットワーク」(European University Network) を構築し、EU 加盟国間の学生流動を高めようする計画でした。

　ただし、エラスムス計画が本格化するのは 2003 年以降となります。学生は、この計画に加盟している大学ならば、ボローニャプロセスの合意によって、どの国においても単位取得が可能であり、極端に言えば、1 年ごとに、別の国の別の大学で過ごして大学を卒業することができるのです[10]。

　高等教育の改革に関して、面白いエピソードがあります。2001 年に世界貿易機構 (WTO: world trade organization) の会合があったときに、アメリカ代表が、高等教育も WTO が扱うべきサービス貿易品ではないかという提案をしたのです。当時のアメリカの大学は、世界をリードしていました。アメリカ式の大学教育を世界に輸出したいという願望があったのかもしれません。

　これには、世界があわてました。そして、経済協力開発機構 (OECD: Organization of Economic Co-operation and Development) と国際連合教育科学文化機構 (UNESCO: United Nations Educational, Scientific and Cultural Organization) が手を組み、WTO と協議し (実際は対抗し)、教育は貿易の対象となるサービスではないこと、ただし、大学 (高等教育機関) 側にも反省すべき点があり、その改善が必要であることも提言しました。

　2001 年以降にこれら団体が主導するかたちで、高等教育に対する改革案

10　他大に移動するときに、単位認定のために必要となるのが、先ほど紹介したディプロマサプリメントです。

42

が矢継ぎ早に出されました。それらの一部をつぎに掲げます。

2004 年　ジョイント・ディグリーの認証（認定）に関する勧告 UNESCO/EC
Recommendation on the Recognition of Joint Degrees
2005 年　国境を越えて提供される高等教育の質保証に関するガイドライン
UNESCO/OECD
Guidelines for Quality Provision in Cross-border Higher Education
2005 年　欧州高等教育圏における質保証の基準とガイドライン
ENQA（European Association for Quality Assurance in Higher Education）
Standards and Guidelines for Quality Assurance in the European Higher Education Area
2006 年　流動性（モビリティ）に関する欧州憲章　EC
European Quality Charter for Mobility
2006 年　欧州共同修士プログラムの質保証に関するガイドライン
EUA（European University Association）
Guidelines for Quality Enhancement in European Joint Master Programmes
2007 年　共同教育プログラムの質保証に関する原則
ECA（European Consortium for Accreditation in Higher Education）
Principles for accreditation procedures regarding joint programmes
2010 年　エラスムス・ムンドゥス質保証「卓越性ハンドブック」　EC
Erasmus Mundus Quality Assurance, Handbook of Excellence

　これら一連の改革案とともに、高等教育の質保証の重要性が論じられるようになりました。特に、ユネスコが OECD と共同で 2005 年に示した「国境を越えて提供される高等教育の質保証に関するガイドライン」"Guidelines for Quality Provision in Cross-border Higher Education" では、国の枠組みを超えた高等教育の質保証を求めたことが大きな契機になったとも言われています。
　ところで、WTO の提案に対して、日本は、アメリカのディプロマミル

(diploma mill) [11] の問題を指摘しています。直訳すれば、学位工場です。アメリカの詐欺まがいの団体が、適切な審査を経ずに、金さえ払えば博士の学位を与えていたのです。日本の大学教員も、「あなたほどの経験があれば、十分博士に値します」という誘いにのり、ディプロマミルから博士号を金で取得していたことが話題になりました。商業化の負の側面です。アメリカこそ、高等教育の質保証ができていないのではないかと日本から逆襲されたのです。

また、アメリカの大学も WTO の提案には不愉快であったと聞いています。すでに、2001 年に MIT は OCW（open course ware）と呼ばれる、自大学の講義のインターネット配信を計画していました。世界中、どこに居ても、インターネットにつなげれば、世界最高レベルの講義を聴講できるというシステムです。聴講料はただです。さらに、一定の金額を払えば、単位取得も可能となるのです。この方式であれば、世界を席巻できます。なにも WTO の提案など必要がなかったのです。

その後、多くの大学が OCW に参入し、いまでは MOOC（massive open online courses）と呼ばれています。MOOC の優秀な受講者は、すでに受講した単位が認定されたうえで、これら優良大学に進学もできます [12]。世界中から優秀な学生を獲得できるのです。

私は、MOOC 構想を聞いた時、教育に革命が起こると思いました。そして、これは高等教育をよりよいものにするチャンスであるとも思いました。座学は MOOC に任せて、教員は tutor となればよいのです。大学教育が不要になるのではという指摘もありますが、理工系大学では、実験や実習は MOOC では教育できません。教員は、研究室での指導に重点を移すことで、教育の高度化ができます。

その後、日本にも J-MOOC が登場し、日本語での講義もインターネットで配信されています。ただし、教育革命は起きていません。いまだに、多く

11　ディグリーミル（degree mill）とも呼ばれています。

12　日本の大学では、一般に学費は一括払いですが、アメリカの大学では単位ごとに学費を課すところもあります。入学前に単位を取得していれば、それだけ学費が安くなるのです。

の大学が独自の講義を継続しています。しかし、いずれ、座学はオンラインという時代は来ると考えています。

実は、1980年代には面白い現象が日本では起きていました。それは、アメリカ大学の日本校ブームです。40校近い分校が日本市場に参入したのです。これは、貿易摩擦解消の一環ともされていますが、結局、大失敗でした。その理由のひとつは教育法上の大学とは認可されなかったことがあります。苦労して卒業しても大学卒業の資格が得られないのです。ただし、希望すれば、アメリカの本校に編入できるという特典はありました。2001年のWTO会議での発言には、正式な大学として日本で認可されない現状への不満もあったと聞きます。ただし、アメリカ大学本校への編入は、優秀な人間だけの特典でしかありませんでした。しかも、授業がすべて英語で、単位取得がアメリカ本土の大学なみに厳しいということもあり、本当にやる気のある学生しか生き残れないのです。もともと成績優秀者は日本の上位大学に進みます。大学ではないアメリカ大学の分校の魅力は、あまりありません。この結果、数年で受験生が激減し、大学経営が立ちいかなくなりました。

結局、残ったのは、Temple大学やLakeland大学などわずかです。ミネソタ州立大学機構が設立した秋田分校では、その跡地に国際教養大学が2004年に設立され、成功を収めたという例もあります。ただし、国際教養大学は公立大学であり、英語名はAkita International Universityのように、秋田という名を冠しています。

2.6. 学修成果の可視化

高等教育の質保証の根幹は「大学が学生に何を教えたか」ではなく、「大学の教育を通して、学生が何を学んだか」を大切にすることです。これを学修成果 (learning outcomes) と呼んでいます。

そして、いかに学修成果を把握するかも重要な課題となります。まず、学生の学習の過程を記録することが必要になります。いわゆるポートフォリオ

図 2-1　学生のための電子ポートフォリオの整理

（portfolio）の整備です。実は、学習記録については、多くの大学が取り組んでいました。本学においても、キャリアサポート課や、学生課などが独自のポートフォリオを用意していました。ただし、基本的には、学生が自らデータを入力する必要があるため、その利用率は、それほど高くありません。

　幸い、本学は教育 GP である大学教育再生加速プログラム[13]（AP 事業）を獲得していたので、この競争的資金によってポートフォリオの構築を進めました。既存のデータがどうなっているのか、散在しているポートフォリオはなにか、また、今後入試を考えたときに必要な高校との接続に必要なデータを整理してみました。その結果を**図 2-1** に示します。

　この図は必要なデータの一部だけ示したものです。これだけでも、学内のいろいろな部署にデータが散在していることが分かります。正直、これを整理して、誰もが見やすく操作しやすいものを作りあげることは、大変な作業だと思いました。さらに、重要なのは、学生の入力の手間を省くことです。つまり、ワンストップサービスとなっていて、このサイトに行けば、自分の学修記録がすべて閲覧できるようになっているのが望ましいのです。また、

13　英語名は Acceleration Program for University Rebuilding であり、略して AP 事業と呼ばれています。芝浦工大は 2014 年に採択され、教育改革に役立ちました。

外部試験の結果や、自分の成績表や単位取得状況も含めて、自動的に取り組まれる仕組みも必要です。

さらに、学習管理システム、LMS（learning management system）と呼ばれるプラットフフォームの導入も重要でした。このシステムを使うと、教育に必要な教材やテストの作成、レポート提出や成績データの集計などをネット上で行うことができ、教員と学生双方のニーズに応えることができます。学修記録はデータとして保存できるので、ポートフォリオが簡単に構築できるのです。コロナ禍のオンライン授業においても大活躍しました。

ポートフォリオならびに LMS の開発には、すでにあるデータの統合や、インターフェースを図る必要がありますので、思うように進まないこともありました。試行錯誤を繰り返しながら、学術情報センターや学事部などの職員と教員とが協働して、互いの意見をぶつけ合いながら開発を進めました。結果として、学生にとっても、教職員にとっても満足するものができたと考えています。

例えば、学生がポートフォリオのサイトに行けば、以下の情報を見ることができます（**表2-2**）。これら情報は、見やすいようにダッシュボード（dashboard）として1ページに収めています。

これらデータは、スマートフォンやタブレットからも閲覧可能です[14]。また、教職員、学生だけでなく、保護者もポータルサイトへアクセスすれば閲覧可能としています。この中で、学生が入力するのは授業外学修時間のみです。この入力も LINE で簡単にできるようにして、学生の負担とならないようにしています。さらに、PROG については、自分が就職したい企業名を入れれば、過去に入社した先輩の測定結果との比較を行うこともできるようになっています。学生にとっては、単位取得状況を含めた自分の成績の確認や、学びの振り返りもできることから、利用率は、ほぼ100%に達しています。

14　第6章の教職学協働において詳しく紹介しています。

表 2–2　ポートフォリオのダッシュボードに表示される内容

①　単位取得状況
②　GPA[※]（Grade point average）推移
③　学科内の成績順位の推移
④　TOEIC（Test of English for International Communication）点数推移
⑤　出席状況
⑥　授業外学修時間
⑦　CEFR[※]（Common European Framework of Reference for Languages）レベル
⑧　PROG[※]（Progress Report on Generic Skills）（社会人基礎力の測定）結果

※ GPA は、成績評価である S, A, B, C などを 4, 3, 2, 1 などと点数化して、その平均を単位の重み付きで
　表示するもので、国際的には成績の基準として採用されています。
※ CEFR は、ヨーロッパを中心に進められている言語能力の標準であり、下から A1, A2, B1, B2, C1, C2
　の 6 段階のレベルがあります。英語だけでなく、いろいろな言語に対応しています。芝浦工大では、
　学生の英語力としてレベル B1 を目指しています。
※ PROG は、河合塾とリアセックが共同開発した社会人基礎力の測定ツールです。知識を活用して問
　題を解決する能力であるリタラシー（literacy）と、社会において必要とされる実践力であるコンピテ
　ンシー（competency）を測定することができます。

2.7. 成績評価

　高等教育の質保証の根幹は、「大学教育によって学生が何を学んだか」を
大切にすることであると紹介しました。これを学修成果（learning outcomes）と
呼んでいます。とすれば、それをいかに評価（assessment）するかが大変重要
となります。

　かつての大学の成績は、出席点と期末試験などが中心でした。試験の点数
だけで評価する場合も多かったと思います。中間試験を課す先生もいました。
試験問題については、毎年、同じ問題を出す科目もあって、先輩から試験対
策プリントが伝わっていました。期末試験による評価方法では、試験に出る
問題は限られていますから、それさえ出来れば合格ということになります。
しかし、これでは、学修成果を測ることはできません。

　まず、教員は、この章で紹介したシラバスによって、当該科目で何を学ぶ
かを明確にする必要があります。そのうえで、評価手法についても明らかに
しなければなりません。これは、学生との約束であり、質保証の第一歩です。

　しかも、その評価は期末試験の一発勝負ではダメなのは明らかです。小テスト、レポート、中間試験、期末試験、さらには宿題なども組合せて総合的に評価する必要があります。そして、それぞれの成績評価における割合も明示しなければなりません。これを多面的評価というひともいますが、実は、これでは不十分です。この科目で、何ができるようになるのかを具体的に明示する必要もあるからです。例えば「3次元の拡散方程式を解くことできる」「1次元のシュレディンガー方式を解法できる」「5行5列の行列式を計算できる」「2重積分が計算できる」など、can do description が望ましいのです。こういう記述があれば、学生にとって学習目標がはっきりします[15]。

　ところが、教員によっては、授業で教えていない内容を試験に課すことがあると学生から不満が寄せられました。大学生は、これくらいできて当たり前という考えで試験を行っているようなのですが、これでは、教育の質保証とはなっていませんし、学生の満足度は低下します[16]。

　いまの大学教育では、点数で明確に評価できる基礎や専門科目の学修だけでなく、いわゆる汎用力 (generic skills) や soft skills と呼ばれる人間力の育成も求められています。表 2-1 に示した JABEE の学士力でも、点数で評価の難しい能力の育成が求められています。経済産業省では、社会人基礎力と呼び「前に踏み出す力」「考え抜く力」「チームで働く力」の3つの能力の育成が重要としています。「職場や地域社会で多様な人々と仕事をしていくために必要な基礎的な力」として、2006 年に提唱されました。かつての大学は、これら能力の育成には関わっていませんでした。

　これら汎用力を、いかに測定するかは大きな課題であり、いまだに議論もあります。かつては、学生の自己アンケートなどに頼っていましたが、それでは客観的な評価とはなりません。現在、評価手法としては、ルーブリック (rubric) による方法と、調査テストによる手法があります。

15　小学生ではなく、大学生は一人前の大人なのだから、このような対応はふさわしくないと反対する教員も多いです。

16　実は、いまだに授業の満足度が低いのが芝浦工大の課題です。

　ここでルーブリックとは、どういうものなのかを説明します。ルーブリックとは、学生の達成レベルを分かりやすく規定する評価基準のことです。そして、適正なルーブリックの提示は、学生にとって、どのような行動特性をとればよいのかの指針となります。また、ルーブリックは複数の教員が協働で作成しますので、学生にどのような能力を育成したいのかを教員間で共有することができます。具体例として、アメリカの大学におけるチームワーク力に対するルーブリックを**表2–3**に示します。

　この例では、評価レベルは4段階となっていますが、評価レベルは5段階や3段階の場合もあります。必要とされる能力に応じたレベル設定をすればよいのです。また、どこまでできれば合格かを設定することも重要です。表2-3の例では、評点1のみが不合格となっています。とは言え、評点1のルーブリックは日本では、なかなか考えられないものです。

　一方、チームワーク力などの汎用力をテストによって評価しようという動きもあります。例えば、アメリカではCLA（collegiate learning assessment）という評価手法が開発され、汎用力の測定に利用されています。学生は、コンピュータを使って、設定された設問に対して回答します。その対応によって汎用力

表2-3　チームワーク力を評価するルーブリック

exemplary level 4	proficient level 3	threshold level 2	unsatisfactory level 1
4 非常に優れている	3 優れている	2 基準に達している	1 基準に達していない
respectfully listen, discuss, ask questions and help direct the group in solving problems.	respectfully listen, discuss, ask questions and cooperate in solving problems.	listen, discuss and ask questions.	do not listen with respect and block group from reaching agreement.
メンバーの意見に耳を傾け、議論に積極的に参加し、チームの問題解決をリードしている	メンバーの意見に耳を傾け、議論に参加し、チームの問題解決に協力している	メンバーの意見を聞き、議論には参加している	メンバーの言うことを聞かずチームが問題解決する際の妨げとなる

を測定するというものです。

　日本では河合塾とリアセックが協働で PROG（progress report on generic skills）テストという社会人基礎力を測定するツールを開発しています。専攻分野には関係のない共通テストです。芝浦工大でも利用している評価システムであり、学生のポートフォリオにも、評価結果や、それに対する分析結果も記載されています。

　PROG テストには「リテラシーテスト」と「コンピテンシーテスト」の2つがあり、知識を活用して問題解決する力（リテラシー：literacy）と経験を積むことで身についた行動特性（コンピテンシー：competency）の2つの観点でジェネリックスキル（generic skills）を測定しています。PROG テストの特徴は、社会における現実的な場面を想定して作成されている点にあります。実際に知識を活用して問題を解決することが出来るか（リテラシーテスト）、実際にどのように行動するのか（コンピテンシーテスト）を測定します。

　ベネッセも、GPS-Academic という評価手法を開発しています。これは、社会で必要とされる「問題解決力」を測定するものです。思考力、姿勢・態度、経験の3つの視点で評価することができます。

　アメリカで開発された CLA を始めとして、オーストラリアやヨーロッパでも社会人基礎力を測定するツールは開発されていますが、リテラシーとコンピテンシーに分けて測定しているのは PROG テストのみです。アクティブラーニングなどにより社会との関わりを経験すると、リテラシーは伸びないのに対し、コンピテンシーは伸びるという結果が得られています。社会人や、多くの大学生のデータが蓄積されているため、汎用力の測定や、教育プログラムの検証にとても有効な評価手法となっています。学生にとっても、自分の振り返りを含めて有用です。

　ただし、芝浦工大では、ルーブリックは成績評価に使用していますが、PROG テストは、自己分析や教育プログラムの有用性の検証に利用しているのみで、学生の成績評価には使っていないことを付記しておきたいと思います。

2.8. 認証評価

かつての大学は、設置申請さえ通れば、その後の教育研究や組織運営は、大学の自主性に任されていました。いわゆる大学自治です。

しかし、2002 年の学校教育法の改正により、大学等の高等教育機関は文部科学大臣の認証をうけた評価機関から 7 年以内の周期で、認証評価を受けることが義務づけられました。これは、教育の質保証の観点からも当然と思います。

認証評価機関には、独立行政法人の大学評価・学位授与機構、公益財団法人の大学基準協会と日本高等教育評価機構があります。大学が認証評価を受けるためには、提出する資料は膨大となり大変な作業ですが、一度しっかり準備すれば、次回からは、それを更新すればよいことになります。芝浦工大では、認証評価の書式をそのまま毎年の大学自己点検評価のフォーマットとして使っています。

この評価はピアレビューですので、他大学の教員が審査員を務めます。しかし、認証評価を専門としているわけではないので、認証評価の趣旨を十分理解していない場合もあります。

私は、評価項目の評価基準については 5 段階などのルーブリック（rubrics）を設定し、自己点検による点数評価を促せばよいと考えています。その際、点数ごとの要求内容や項目を具体に提示することも重要です。そのうえで、大学に対しエビデンスの提出を求めれば、審査に誤解もなく、大学側も評価側も負担が減ると考えています。

2.9. AHELO

高等教育の質保証を世界的に検証しようという試みについて紹介したいと思います。AHELO と略して呼んでいますが、Assessment of Higher Education

Learning Outcomes です。「高等教育の学修成果アセスメント」であり、OECD
が、その本格導入に向けて feasibility study（FS）を実施しました。

　AHELO とは、大学教育の世界を共通のテストを用いて測定しようという
大胆な国際事業です。大学の PISA（Programme for International Student Assessment）
版[17] というひとも居ます。その実現に向けて、政府は、FS に日本が参加する
ことを 2008 年に表明しました。FS は 5 年間にわたって実施されました。

　AHELO-FS は、日本をはじめとして、アメリカ、フィンランド、イタリア、
オーストラリア、韓国など世界 17 カ国が参加し、一般的技能（General skills）、
経済学（Economics）、工学（Engineering）の分野が対象となり、日本は、工学分
野で参加し、芝浦工大も協力しました[18]。

　私は、この事業を非常に高く評価しています。いくら質保証を叫んでも、
それを検証することは必要です。一方で、この作業はかなり大変であること
も予想されました。共通問題をつくり、それを各国の言語に訳し、採点もし
なければなりません。問題をつくる段階で議論となるのは確実です。

　そして、やはり国際社会においての作業の難しさも実感しました。以前、
国際標準に関わったときに、超電導関連のまとめ役をしたのですが、各国の
自己主張がとても強いのです。2010 年に、パリで開催された委員会に出席
したのですが、それぞれの国の代表者が、なんとか自国の利益になる方向に
持って行こうと必死なのです。AHELO そのものにも反対の参加者も結構い
ました。もし、評価した結果、自国の高等教育に問題があるということになっ
たら大変だからです。

　実は、一般的技能を測定するのに、先ほど紹介したアメリカで開発された
CLA（collegiate learning assessment）を利用することがほぼ決まっていたようなの
ですが、OECD の会合で反対意見が百出しました。オーストラリアやヨーロッ
パにも同様の測定手法があり、数億円という経費をかけて CLA を使うこと

17　OECD が実施している 15 歳の生徒の学習到達度調査。世界 79 の国と地域が対象。
18　日本では、東工大の岸本喜久雄先生や九大の深堀聡子先生（当時は国立教育政策研究所）
　　が主導され、芝浦工大からは中村朝夫先生が委員として参加しています。

には疑問があるということです。結局、CLA の導入は見送られました。

　現時点で、AHELO を今後どうしていくかの結論は得られていません。ただし、高等教育の質保証を検証するツールとして何らかのテストを実施することは有効と考えています。

2.10. 理工学教育共同利用拠点

　以前に企業から大学に転じた方から聞かれたことで印象に残っていることがあります。それは「(学生獲得において) ライバルであるはずの大学どうしが、互いに連携し、ノウハウとも思われる情報を惜しげもなく開示していることに驚きを禁じえない。なぜか」という質問でした。

　そんな意識を持っていなかったので、少し驚きもしましたが、確かに、異なる大学間の教職員のネットワークはできており、情報交換はさかんです。ライバルに対して、どうして簡単にノウハウを教えるのかという問いには、大学は「社会の公器である」という意識が大学の教員や職員にはあるからと答えています。

　実は、芝浦工大は、2016 年に理工学教育共同利用拠点に認定されました。この拠点は、本学が蓄積してきたいろいろな教育手法[19]を惜しげもなく他大学にも公開しているのです。傍で見ていて、こんなに大盤振る舞いで良いのかと思うこともありますが、大学の使命は「ひとを育てる」ことにあります。そして、大学を出た若者が、日本社会や世界の持続発展を支えるのです。大所高所に立てば、大学間が協働するのは当然なことと言えます。

　もともと、本学も愛媛大学が主催する四国地区大学教職員能力開発ネットワーク (SPOD: Shikoku Professional and Organizational Development network in Higher Education) などの他大学の研修に参加させていただき、教育手法を学んでき

19　授業外学修を促すシラバスの書き方、グルーバル PBL の実施方法、英語による授業方法、SCOT 研修など充実した講義を、榊原暢久、奥田宏志、坂井直道先生らが、教育イノベーション推進センターの鈴木洋次長らと教職協働で実施しています。

ています。

2. 11. 学生の学びの心に火をつける

　2000年以降、大学教育の質保証に関しては、制度を含めて、多くの改革がなされました。私が学生であった45年前に比べると格段の差があると思います。しかし、ここで忘れてはならないのは、教育は人とひととの関係で成立するということです。これは、いつの時代であっても変わりません。

　その人生において、師と呼べる方たちにどれだけ出会えるかがとても大切と思います。私は岩手県出身です。かつて、岩手県の教育者向けの講演に呼ばれたことがありました。

　当日、会場に行って驚きました。小学校時代の恩師の澤田郁子先生、中学校時代の恩師の木村幸治先生、高校時代の恩師の安藤厚先生が前列に座っておられたのです。先生方には、大変迷惑をおかけしたうえ、お世話にもなりました。きっと、心配して、講演に来てくれたのです。大変感激しました。そして、自分は、なんと幸せ者なのだろうとも思いました。

　中学時代の担任であった藤沢信悦先生には、先生が中学校の校長をしていたときに、毎年、講演に呼んでいただきました。英語の先生でしたが、校長

写真1-1　岩手県盛岡市で開催された教育者向け講演会

中央が筆者、その左が安藤厚先生、右が澤田郁子先生。

先生になられてからも勉強を続けている姿に感動したことを覚えています。岩手県が進めている ILC（International Linear Collider）国際線形加速器に関する私の講演会にも参加いただき、その後も、関連の新聞記事を送ってくれました。

　恩師の方々からは、学問も習いましたが、それ以上に人生において大切なのものはなにかを教えていただいたと感謝しています。

　アメリカの作家、牧師であり、教育者でもあった William Arthur Ward はつぎの言葉を残しています。

　The mediocre teacher tells.

　The good teacher explains.

　The superior teacher demonstrates.

　The great teacher inspires.

　凡庸な教師はただしゃべるだけ

　良い教師は説明してくれる

　優れた教師は、自らやってみてくれる

　偉大なる教師は、学びの心に火をつける

　どんなに教育制度が変化しようと、どんなに時代が変化しようとも、生徒や学生の学びの心に火を灯してくれる先生こそが教育にとって最も偉大なる存在であると思います。

第3章　研　究

　大学の使命は、教育、研究、社会貢献と言われています。中でも、教育と研究は重要です。そして、私は、大学にとって教育と研究は不可分であるとも考えています。大学教員は教育者であるとともに、研究者でもあります。そして、常に最先端研究の場に身を置き、日々研鑽し、そこで得られた知識や経験を教育に活かす必要があるのです。最先端の話が聞ければ、学生たちはわくわくするのではないでしょうか。

　世の中は、常に変化しています。先端技術の進歩には目覚ましいものがあります。また、社会情勢や世界の動向も、日々変化しています。これら変化に敏感に反応し、理系文系問わずに、いろいろなテーマに沿って研究をすることが教員には求められます。

　そして、それを学生に伝えるのが先生の役目なのです。もちろん、国語や数学の基礎は大切ですし、基本として必要な専門知識もあります。しかし、今まさに動いている世界の生きた知識を学ぶことができれば、学生も大きな刺激を受けるはずです。

　学問には「不易と流行」があります。基本としての「不易」の部分は、世の中が変わったとしても、変わらずに教えていく必要がある基本です。例えば、「読み、書き、そろばん」(3R's: reading; writing; arithmetic) がそれにあたります。一方、世の中は絶えず変化しており、それに連れて学問も変化しています。その新しい部分である「流行」も教えていく必要があります。つまり、教育においては、「不易」と「流行」のバランスが必要なのです。

3.1. 大学の分類

政府や産業界からは、大学を分類しようという提案が過去に何度か出されています。例えば、大学がそれぞれの特徴を活かし、「教育大学」「研究大学」「地方大学」などとして、それぞれの使命に沿った大学運営をするという考えです。

高度な研究はせずに、学生の職業訓練を中心に据える大学もあれば、世界最先端の研究に邁進する大学もあり、あるいは、地域と連携しながら、学生と一緒に地域再生を考える大学などがあってもよいという考えです。とすれば、科研費などの国の研究費は研究大学に優先的に投入でき、効率的であるという指摘もあります。

2004年、文科省は大学を、機能別につぎの7種類に分類することを提唱しています。

1　世界的研究・教育拠点

2　高度専門職業人養成

3　幅広い職業人養成

4　総合的教養教育

5　特定の専門的分野 (芸術、体育等) の教育・研究

6　地域の生涯学習機会の拠点

7　社会貢献機能

体育系大学や芸術系大学、医科系大学など、わざわざ分類するまでもなく、機能がはっきりしている大学もあります。しかし、その他の多くの大学で、自分の大学が、どの機能を担うべきかには意見が百出しました。私は、当時、工学研究科長補佐をしており、タイプ1を主張しました。他の分類では、教員の自由な研究活動が制限されると考えたからです。ただし、学内の多くの教員からは、一笑に付されました。2か3のいずれかであろうという意見が大勢でした。

一方、2014年に話題となったのが、「G (Global) 型大学」と「L (Local) 型大学」という枠組みでした。G型大学は、グローバルな世界で活躍できるプロフェッ

ショナルを育成し、L型大学は、職業訓練を中心とすべきという提言です。

　このように大学を分類し、機能別に分化して、予算の効率化を図ろうというアイデアは、いろいろな場面で登場します。ただし、いずれの提案もいまのところ、私立大学では実現されていません[1]。アイデアとしては納得できるところもありますが、実際にはどうなのでしょうか。

　大学が大学たる由縁は「研究」にあります。そして、常に、知の先端に、教員も学生も身を置くことが大切なのです。大学には「無知をきらうものが、知を求める若者らとともに真実の知を追究する場」

　"a place where those who hate ignorance may strive to know, where those who perceive truth may strive to make others see." （John Masefield）

　という側面があります。大学という名を冠するならば、教員は研究をすべきと考えています。

3.2. 研究予算

　私立大学の研究環境や予算は、一部の有力大学は除いて、国立大学と比較すると劣っていると言わざるを得ません。もともと、国の予算は国立大学を中心に編成されてきました。国立大学に国から援助される運営費交付金と、私立大学に支援される私学等助成金の差には明らかな格差があります。現在は、大学生の7割が私立大学に通っています。にもかかわらず、私立大学に対する支援は増えそうにありません。もともと、私立大学への国からの補助金は憲法違反であるという議論があるのです。日本国憲法第89条には、「公の支配に属しない教育事業に対し、公金を支出してはならない」という条文があるのです。これを逆手に、私立大学への国からの補助に反対するひとが、いまだに居るのです。これに対し、1976年の私立学校振興助成法によって、「教

1　2016年から国立大学は「卓越した教育研究」の16大学、「専門分野の優れた教育研究」の15大学、「地域貢献」の55大学に分類されてはいます。

表 3-1　2012 年度の国立大学と私立大学に対する国の補助金額

それぞれのトップ 5

順位	国立大学	補助額	順位	私立大学	補助額
1	東京大学	840 億円	1	慶応大学	96 億円
2	京都大学	565 億円	2	早稲田大学	95 億円
3	東北大学	505 億円	3	日本大学	93 億円
4	大阪大学	475 億円	4	東海大学	69 億円
5	筑波大学	427 億円	5	立命館大学	56 億円

育基本法、学校教育法および私立学校法」に定める教育施設は、公の支配に属するという解釈がなされ、憲法に抵触しないということになったのです。とは言え、このような議論がなされるくらいですから、**表 3-1** に示すように、国立大学と私立大学への国の支援の差は歴然です。

　東京大学には、年 800 億円以上の交付金があります。学生数がはるかに多い私立大学ではトップでも 100 億円に達していません。ちなみに、すでに紹介したように、芝浦工大への補助金は 13 億円程度です。

　実は、このような補助金だけでなく、他の予算も国立と私立では大きく異なります。研究予算として一般的な科学研究費もそうです。2001 年には、国立大学 7 割、私立大学が 2 割という配分額でした。科学研究費の審査はピアレビュー[2] (peer review) が原則です。しかし、実際の評価者には、国立大学関係者が多かったのも事実です。どうしても仲間どうしで分配する傾向があります。はたで見ていて、これで良いのかと思うこともありました。しかし、時とともに、私立大学の教員も、公的研究予算を獲得できるようになってきました。

　一方で、審査方法に疑義を唱えるひとも多いのも事実です。特に、海外で研究経験のある研究者は、日本人のみによる評価には問題があるという指摘

2　ピア "peer" とは同僚という意味です。ピアレビュー "peer review" とは、同じ研究者仲間が互いを評価するということです。

もあります。実は、私も、アメリカ、オーストラリア、英国での予算審査を担当したことがあります。大変な作業ではありましたが、よい勉強になりました。大型予算に関しては、グローバルな視点も必要ですので、世界的な研究者に審査を求めることも重要です。このため、英語での申請書作成を求める声もあります。

ただし、個人的には、公的研究費は広く浅くが基本と思っています。研究マインドに優れた若手研究者には、小額でもよいので、例えば、しっかり論文発表している実績があれば研究費が回るようにしてほしいと考えます。

3.3. 共通機器センターの設置

芝浦工大は、残念ながら、研究環境に恵まれているという状況にはありません。多くの教員は外部の競争的資金を獲得してくれていますが、研究スペースに制約があるのです。

また、大型の研究予算はそう簡単に獲得できるものでもありません。さらに、ある年度に、高価な研究装置や設備を購入できたとしても、その維持にはかなりの費用が必要です。単年度ごとに予算請求が必要な現状では、高価な装置が研究室に鎮座しながら、実質的には動いていないという状態もありうるのです。

そこで、一計を案じました。大学主導で、テクノプラザと呼ばれる共通機器センターを立ち上げることにしたのです。国立大学では、国の予算で、このようなセンターを整備することがよくありますが、私立大学では自前が基本です。そこで、各研究室に眠っている装置を拠出してもらうことにしたのです。ただし、消耗品や維持費はすべて大学が必要な予算を手当てすることにしました。また、専門の技術職員を置くとともに、大学院生などを雇用し、装置の維持管理に努めるとともに、装置使用を希望する教員や学生の教習も実施することにしたのです。

私の提案に賛同してくれる教員もいましたが、一方で、猛反対する教員も

いました。それまでは、研究室の限られた人員で独占していた装置を拠出しろと言われているようなものです。所属する学生からも「学長が、われわれの装置を奪おうとしている」という反対意見が出ていると聞きました。

　そこで、装置を拠出して欲しいというのは、あくまでも希望であって、決して強制ではないこと、また、いままでどおり研究室で管理したい場合には、そのままでよいことも説明し納得してもらいました。

　このセンターが発足して1年ほどで、それまで拠出に反対していた多くの教員が、自分の装置のテクノプラザへの移設を申し出るようになりました。実際の運用を見れば、装置を大学の管理下とするメリットが明らかとなったからです。装置は整備されいて、いつでも使える状態にあり、故障しても、すぐに修理もできます。さらに、メンテナンスも技術員や、雇用した大学院生が行ってくれます。使用頻度も、研究室にあったときよりも、むしろ増えるのです。

　その結果、テクノプラザは、発足依頼順調に発展を遂げています。2016年は、登録利用者数600人で、装置台数は47でしたが、2019年には、利用者数946人、登録台数は70となっています。

　　アンケートによると、使用者の満足度は非常に高いです。学生も使用可

写真 3-1　共通機器センター：テクノプラザ

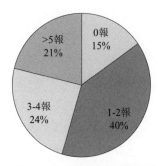

図 3-1　テクノプラザ利用による論文数の増加

1-2 報増えたが 40% であり、5 報以上増えた割合も 21% となっています。

ですので、卒業論文研究や修士論文研究にも利用できます。また、学生スタッフが充実していますので、彼らの指導のもとで、初心者でも気軽に使うことができます。

　このセンター利用によって、論文数が大幅に増えたという教員も多くなりました。**図 3-1** は、利用者へ共通機器センター利用により、論文数がどの程度増えたかのアンケート調査結果です。21% もの教員が年 5 報以上増えたと応えています。もちろん、論文を書いていないひとも 15% 程度はいます。しかし、多くの教員は、テクノプラザの整備によって、論文数を伸ばしているのです。このように、共通機器センターの整備は、本学の研究力向上に大きく貢献しています。

　また、この共通機器センターは、留学生にも開放しており、短期留学生も含まれます。高価な分析機器を自ら操作できることに、みな感激します。母校では、いっさい使わせてもらえないというのです。実は、口コミで、このことが伝わり、本学への留学希望者が増えていると聞きました。

3. 4. 自主研究予算

　研究費を外部から獲得することは重要ですが、問題は、どんなに優秀な教

員であっても、毎年、継続して予算を獲得し続けることは難しいということ
です。「いかに、外部予算を獲得するか」研究マインドにあふれた教員にとっ
ては大きな悩みではないでしょうか。

　幸い、芝浦工業大学には、学内に競争的な研究予算がありました。それほ
ど、大きな金額ではありませんが、例えば、外部予算がとれなかったときに
は助かります。ただし、その評価方法に課題もありました。そこで、科研費
などの外部競争的資金に挑戦していること、大学院生を数多く指導している
こと、過去3年で、インパクトファクター[3](impact factor) の高い雑誌に論文を
発表しているなどの条件[4]を設定し、研究力のある教員に配分されるように
したのです。これならば、外部資金を確保できない場合でも研究を継続する
ことができます。

　それまでは、学内予算獲得用の申請書を教員が提出し、(外部の研究者を含む)
ピアレビューで審査していました。この方式もよいのですが、研究計画だけ
では、不十分と考えていました。もちろん、現在でも、所定の申請書は提出
してもらいますが、数値で表せる客観的な指標も併せて審査することが大事
です。

　また、研究熱心な先生は大学院生の数も多いです。一方で、研究指導のレ
ベルを維持するためにはコストもかかります。そこで、大学院生ひとりに対
する予算を10万円から20万円へと増額しました。10人いれば、200万円の
研究予算がつくことになります。このおかげで、先生は、学生が学会発表な
どにかかる旅費の心配をすることがなくなりました。これも大きいです。ま
た、学生が国際会議で発表する旅費に関しては、後援会の寄附金を充当して
います。これも、大学の研究力向上に大きく貢献しています。

　ここで、科研費について少し意見があります。いま、日本の論文数が減っ

3　Impact factor とは、その雑誌に掲載された論文が、年間にどれだけ引用されているかの指標
　です。この値が1とは、すべての論文が年1回引用されいることを意味します。

4　それまでは、3年ではなく、過去に発表したすべての研究業績により評価していましたので、
　年配の方が有利となっていました。

ていることが話題に上っています。マスコミも取り上げます。そして、その原因として、教員の雑用が増えたことや、研究予算が減っているなどの分析があります。しかし、科研費の総額は着実に増えているのです[5]。

私は、科研費の申請や審査を簡単にして、きちんと論文を書いているひとに優先的に予算をつければよいと考えています。額は、それほど高い必要はありません。教員は、単年度で 1000 万円の研究費をもらうよりも、200 万円を 5 年継続してもらえるほうが、はるかにありがたいのです。

ところが、政府は、産業界からの「選択と集中」という言葉に惑わされ、ある特定分野を選んで大型予算をつける傾向にあります[6]。実は、研究予算と研究成果の費用対効果をみれば、科研費を例にとると、もっとも予算規模の小さな科研費 C の論文生産性がもっとも高いのです。大型予算を与えても、論文数は増えません。研究予算は広く浅くが基本です。

どんな優秀な研究者でも、最初は名もなき初心者です。そして、将来を支える斬新なアイデアは、こんな研究者から思いがけず出てきます。彼ら、彼女らを支援するためにも、小額でもよいので研究を継続できる予算が必要です。芝浦工大では、微力ながら、このような予算編成を行い、教員の研究を支援しています。

3.5. 国際共同研究の強化

私の論文数は 1000 を超え、引用件数は 13000 以上です。h-index（発表論文がどの程度引用されているかの指標で、20 を超えれば一流の研究者と言われています）もいまでは 50 台ですが、かつては 63 でした。これだけの業績は、個人の努力だけで達成できるものではありません。研究分野に恵まれたこともあ

---

5 2011 年度に基金化の導入などにより、2633 億円と少し突出していますが、これを除けば、2000 年の 1419 億円から 2020 年には 2372 億円と増えています。

6 日本政府は、2001 年に「グローバル 30」構想を発表します。研究力に優れた国公私立 30 校を選んで、例えば、科研費を重点的に配分するという案でした。これが、実現していたら、日本の研究力は大きく低下していたでしょう。

りますが、多くの共同研究者のおかげでもあります。そして、この業績は、国際共同研究のおかげなのです。よって、教員には国際共同研究の重要性を常に唱えています。

　私は、かつて超電導工学研究所[7]（SRL: Superconductivity Research Laboratory）の研究室長（その後、制度変更により部長）を務めていました。この研究所は、公益財団法人の国際超電導産業技術センター（ISTEC: International Superconductivity Technology Center）という通産省（現経済産業省）が主導し、多くの民間企業が会員となって 1988 年に設立されたセンターの附置研究所です。

　当時は、世界最先端分野の半導体において、日本が世界をリードしていました。しかし、海外から非難もありました。それは、「日本は欧米の基礎研究を土台にして、応用研究に力を注ぎ、その結果、おいしい果実を奪っている」という批判です。「基礎研究ただ乗り論」とも呼ばれます。

　日米貿易摩擦交渉もさかんであり、半導体だけでなく、日本の自動車産業も標的となっていました。このような時期に「高温超電導体」が発見されたのです。超電導は、将来大きな産業に発展すると、世界中が期待していました。そこで、日本政府は、産業界と協力して、世界中の研究者に門戸を開いた ISTEC を立ち上げ、基礎研究に予算をつけることにしたのです。そして、その発足にあたっては、Wall Street Journal などに広告を打ちました。"In the superconductivity race, we'd like to see everyone come in first"「超電導レースでは、誰もが先頭に立つことを願っています」つまり、国際協調の重要性を訴えたのです。

　当然のことながら、研究所には多くの外国人研究者も受けれました（**写真3-2** 参照）。特に、私の研究室には多くの海外のポスドク研究員が在籍し、延べ人数は 30 人を超えます。彼らが、海外とのネットワークを拡げ、多くの国際共同研究も実現しました。

　このネットワークは、海外の有用な情報をもたらすとともに、新しいアイ

7　超電導は超伝導とも表記します。文部科学省では「伝」の字が推奨されていますが、経済産業省や産業界では「電」の字が一般に使われます。

写真 3-2 世界中から多くの外国人研究員が訪れ活気にあふれていた研究所

デアの宝庫ともなりました[8]。まさにダイバーシティー（diversity）の重要性を地で行く研究室だったのです。私も多くの刺激と、研究へのヒントをもらいました。興味深いのは、ひとだけでなく、国によっても研究スタイルが異なることでした。これが、また新鮮なのです。さらに、世界から、多くの優秀な女性研究者も訪れました。これが、研究室の多様性を豊かなものにし、世界から注目される研究成果が出ることにつながったのです。

　よって、研究にとっては、ダイバーシティーがとても重要であること、また、男女共同参画の意義や大切さも身をもって経験しているのです。研究所長の田中昭二先生（東京大学名誉教授）は、当時には珍しく、女性研究員を積極的に登用しました。彼女らはいまも大活躍されています。学会を見れば、田島節子（大阪大学教授、前理学部長、物理学会会長）、森初果（東京大学教授、物性研究所所長）、筑本知子（中部大学教授）、山本文子（芝浦工業大学教授）の先生方が ISTEC の出身です。

　芝浦工大が進めるダイバーシティー強化は、この研究所での経験も参考と

8　競争の激しい最先端研究分野では、他の研究チームの情報をはやく得るということが、研究を進めるうえで重要な要素となるのです。

なっているのです。ですので、教員から反対意見が出ても、自信をもって反論することができます。"Experience is the best teacher." 経験こそ最良の教師なのです。

　研究にとっては、教員自身がグローバルに活躍していることも重要です。残念ながら、芝浦工大の教員には、海外経験のないひとがかなり居ました。幸い、大学には海外留学制度があり、教員が1年間、海外で研修することができます。ただし、本人が行きたくても、まわりに遠慮して、なかなか自分から言い出しにくいということも聞きました。そこで、海外ネットワークを拡げることは大学の教育研究にとって重要なことであると学長が宣言して、多くの教員が海外に行けるようにしました。この制度を利用して海外経験をした教員は、英語力の向上はもちろんですが、視野が広くなり、本学のグローバル化にも貢献してくれています。まだまだ発展途上ですが、成果も現れています。

　まず、海外ジャーナルに掲載される論文数ですが、第1章で、すでに紹介したように、2014年の280報から、年々増加し、2019年には384報となっています。毎年増加しています。

　重要視しているのは国際共著論文[9]です。**表3-2**に2014年から2019年にかけて発表した論文の国際共著率の年度推移を示します。仲間の理工系大学のデータも一緒に出しています。

　嬉しいことに、本学の国際共著率は、毎年増えており、2014年の20.4%から2019年の30.5%へと上昇しているのです。2019年の国際共著論文数は117報です。

　ただし、海外ジャーナルへ論文を投稿する場合、投稿費がかかります。有名な雑誌では、10万円を超える場合もあります。これがネックとなって、投稿を躊躇する教員も居ます。そこで、申請すれば、impact factor が1.0以上ならば投稿費をすべて大学が負担する制度[10]も導入しました。これにはオー

9　国際共著論文とは、著者の国籍が2カ国以上からなる論文のことです。

10　The application for paper submission fee grant というフォームをつくり、誰でも申請できるよ

表 3-2　国際共著率の年度推移

大学名	overall	2014	2015	2016	2017	2018	2019
千葉工業大学	21.3	19.9	25.3	18.6	19	18.1	26.9
工学院大学	23.1	11.1	23.3	21.1	27.6	27.0	28.5
芝浦工業大学	24.6	20.4	20.2	25.9	22.7	28.1	30.5
東京都市大学	21.2	20.0	20.1	18.5	16.8	20.2	31.8
東京電機大学	16.7	18.5	18.2	18.0	19.1	13.0	13.1
東京理科大学	23.1	22.4	19.6	21.5	21.7	26.2	27.0

プンアクセス（open access）費用[11]も含まれます。当面は学長裁量費から支出していますが、最近、担当者から予算が枯渇するのではないかと心配の声が挙がっています。私からは、それは嬉しい悲鳴であり、いずれ正式な予算化を考えるので、心配しないように伝えています。

3.6. 大学院強化

大学の研究力強化には、大学院の充実も重要です。なぜなら、研究の担い手は大学院生だからです。日本の高等教育で優れている点は、卒業論文研究と修士論文研究ということを紹介しました。これは、密度の濃い少人数教育であり、この経験を通して、学生は大きく成長します。

一方、欧米では、大学院修士課程であってもコースワークが多く、本格的な研究に着手できるのは、博士課程に入ってからです。さらに、ここでも多くのコースワークが課せられます。私は、学生は早めに論文研究に着手し、刺激を受ける（インスパイア"inspire"される）ことが大切と考えています。国際オリンピックで活躍した学生が、大学に入って、座学中心の共通教育でやる気を失うということを聞きました。すぐに研究に着手できていれば、学問へ

うにしています。教員が申請すれば学生やポスドクの支援も可能です。

11　オープンアクセスにすれば、その論文を誰でもがコストをかけずに読むことができます。その替り、著者が相応の費用を払うことになります。

の興味が継続されるはずです。ところが、日本の産業人には、欧米の制度を推奨するひとも多いのです。

　産業人は、日本の大学の研究室における活動を徒弟制度（apprentice system）と非難しています。つまり、研究室の指導教授の趣味的な個人研究のために、学生をただ働きさせているという主張です。かつての日本の大学においては、教授に絶対的な権限がありました。助手や助教授の人事や、気に入らない学生には、「卒業させない」という暴言を吐くひとも居ました。不文律として、研究室を継ぐ教授を選ぶ権利もありました。それが、認められていたのです。

　しかし、いまでは、このようなことは認められませんし、閉鎖的な体質は消えつつあります。大学も大きく変わっているのです。かつてのような理不尽な強権を発動しようとすると、ハラスメントで訴えられます。

　ただし、卒論研究に関しては、指導教員によって差が生じるのも確かです。おそらく、年配の産業人（よって発言力と影響力のある方たち）は研究室指導で苦い経験があるのでしょう。私は、大学時代にお世話になった柴田浩司先生には、いまでも大変感謝しており、恩師と仰いでいます。そう思えない指導教員に出会った学生にとっては、卒論などないほうがよかったと思えるのかもしれません。

3.7. 卒論は日本が世界に誇る少人数教育

　私は、学長として、卒業論文研究は究極のアクティブラーニング・PBLであり、日本が世界に誇るべき少人数教育である と宣言しました。そのうえで、卒論の重要性を訴えました。実は、卒論研究の始まりはドイツのフンボルト大学と言われています。その特徴は、少人数教育であり、研究室での研究指導による教育です。ドイツに留学したアメリカの研究者が、その素晴らしさに触れ、その研究スタイルをアメリカに持ち込みました。それが、日本に伝わったのです。しかし、時間や手間がかかることから、ドイツやアメリカでは卒論研究はほとんど行われていません。座学による単位修得のみで、学位

が取れるのです。日本では、修士論文研究が当たり前ですが、アメリカでは授業単位を修得すれば、修士号が授与される大学も多いのです。本格的な研究指導は、博士後期課程からというのが一般的です。

　日本における卒論研究指導は、各学科の学習・教育目標を達成するために重要な役割を担っています。ここで得られる学士力は、生涯学習能力、問題発見・解決能力、エンジニアリングデザイン能力、文書・口頭でのプレゼンテーション能力 など多岐にわたります。ただし、指導教員によって差が生じることもあります。

　したがって、芝浦工業大学においては、卒論研究の質保証を行い、所属する研究室を問わず一定以上の学修成果を保証できれば世界に誇る特徴となるとも強調したのです。

　さらに、米国の大学では、これまで卒論研究を行ってきていませんが、ここにきて Undergraduate Research の効果に注目していることも説明しました。ただし、米国での導入は、それほど簡単ではないと思っています。それは、卒論研究指導は、教員にとっては、大変な負担となるからです。

　日本の教員が、負担を厭わずに、卒論研究指導をしているのは、自分がそれを経験しているので、それが当たり前であり、また、その絶大な教育効果を身をもって知っているからなのです。

　それでは、どうやって指導教員による差を無くせば良いのでしょうか。芝浦工大では、複数の教員による指導体制を敷いています。そのうえで、学科ごとに卒論研究において獲得すべき能力の明示、それを評価するためのルーブリック（rubric）、いわゆる成績評価基準を導入しているのです。ルーブリックについては、第2章において、すでに紹介しています。その一例を**表 3-3**に示します。

　学部学科の教育目標と対応させて、卒業時に具備すべき能力（学士力）を示し、さらに、どのようなことができれば、求められる学士力を獲得したと言えるかを can do description として 5 段階で示します。表 3-3 の例では、もっとも卓越した場合、つまり、満点の 5 の行動特性を示しています。実際には、

表3-3　卒業論文研究のルーブリックの一例

学部・学科の学修教育目標	学士能力	評価5に相当する行動特性
技術が社会や自然に及ぼす影響や効果ならびに技術者及び科学者が社会に対して負っている責任を理解できる。（職業倫理）	他者の知的成果を尊重する	総合研究論文において、自己の成果と他者の知的成果を明確に区別し、適切に参考文献を記載することができる。
	誇りと責任を持って研究にあたる	責任と規律を持った行動ができる。安全の確保と環境の保全に努めることができる。他者を尊重し、公平に接することができる。
実験や研究の進め方を修得するとともに、問題を正確に把握し論理的に考察できる。	データ解析	実験等に基づき、データを客観的、正確に検討をすることができる。
	自主的、継続的学習	総合研究実施に必要な知識やスキルを得るために、教科書、論文を読み、調査を行い、各種計測器、ツールの使い方を修得し、自主的、継続的に学習できる。

4, 3, 2, 1 もあり、一般には2以上であれば合格としています。

　このように学修目標と評価基準が明確であれば、教員も学生も、それを指針に卒論に取り組むことができます。また、ルーブリックは、学科の全教員が集まって作成します。導入時には、余計な作業をさせるという不満もあったようですが、いったん、導入すれば大変便利な評価ツールとなることが明らかです。また、教員どうしがルーブリック作製を通して、学習目標の共有化ができます。さらに、改めて意見を交換するなかで、協調関係を構築することもできます。学生にとっても、自分に必要とされる能力が明確となります。導入して一年後には、学科としては、卒論だけでなく、他のアクティブラーニング科目への導入も自主的に行われるようになりました。

　ルーブリックの導入は、修士論文研究、博士論文研究にも引き継がれています。私が学生の頃は、「お前は態度が悪いので、修士の学位はやらない」などという暴言を吐く教員もいると聞いたことがありましたが、ルーブリックが整備されていれば、このような不公正も取り除くことができ、学生の不

利益とはならないようにもなっています。

　前にも紹介しましたが、私は卒論研究に着手してはじめて、大学で習った基礎学問がいろいろな場面で役に立つことを理解しました。それをきっかけに、自ら学び直しをすることにもなり、大学院進学も決めました。人生を振り返ると、大学4年生から修士にかけての3年間の成長がいちばん大きかったと思います。結局、博士課程への進学も決めました。このような経験を、多くの学生にもしてほしいのです。

3.8. 学会発表

　かつて、国際会議に修士の学生を5人連れて参加したときに、アメリカの友人から羨しがられました。「アメリカの若者は、みんな Wall Street にあこがれ、工学なんて興味を持たない。これが日本の底力なんだね」と。さらに、学生がつたない英語でも一生懸命に頑張っている姿にも感心したようでした。学生たちは、緊張で前の晩は寝られなかったと言ってましたが、発表後は自信にあふれていました。

　学会発表は学生にとって、大変有意義な経験となります。制限時間内に、自分の研究成果をまとめて、発表することは論理的思考の醸成にもつながります。私の研究室では、国際会議に発表したら、必ず英語で proceedings 論文も投稿するようにしていました。proceedings とは、学会が発刊する論文集のことです。

　実は、芝浦工大では、大学院に "advanced technical English" という科目があります。英語が専門の山崎敦子先生と川口恵子先生のふたりに開講いただいています。ここでは、論文等で使われる技術用語や構文の修得とともに、論文の構成（title, affiliation, abstract, introduction, experimental, results, discussion, conclusion）にしたがった英語指導が行われています。学生は、1セミスターをかけて、自分の専門分野の英語論文を完成させることができるのです。画期的な講義です。私の研究室の学生も世話になりました。留学生にも好評を博しています。

　一方、教員にとっては、学生の書いた論文は共著となりますので、自分の成果にもなります。学生にとっては、論文を執筆することは、数値データを分析し、それを論理的に解釈して、結論を出すという一連の思考法（クリティカルシンキング：critical thinking）を経験するよい機会となります。実は、研究指導は、教員にとってもよい訓練となるのです。ひとに一教えるためには、教員は百学ばなければなりません。学生を指導しながら、実は、自分も成長しているのです。"Teaching is the best way to learn".

　また、論文にまとめて発表できる研究テーマを探すためには、世界の動向に常にアンテナをはっている必要もあります。学生指導が、教員の研究業績となり、ひいては、大学の研究力強化につながるのです。

3.9. 外研制度

　資源を持たない小国である日本にとって「ひと」がすべてです。世界の中で日本が今後も輝き続けるためには、人材育成こそが最重要課題です。その一端を担うのは大学や大学院ですが、私は、公的機関や民間企業も一緒になって、「ひとを育てる」事業に参加すべきという信念を持っています。日本には、それを可能とするシステムがあります。

　みなさんは外研（がいけん）という制度をご存じでしょうか。これは、学生（卒論生や大学院生）を大学外部の研究機関で指導をお願いする制度です。私立大学では、研究スペースが広くはありません。また、研究資金についても、それほど潤沢ではないのです。一方、民間や公営の研究所では、研究費も研究スペースもありながら、若手の研究者がほとんど居ないというところもあります。そこで、外研というかたちで、学生の研究指導をお願いすることがあります。一歩進んで、連携大学院として認定し、指導いただく研究員の方々には、客員教授として辞令を出すこともあります。

　外研制度は、学生にとっても、大学にとってもありがたいうえ、また学生派遣を受け入れる研究所にとっても助かります。つまり、Win － Win の関係

なのです。実は、私が超電導工学研究所の室長をしていた際にも、複数の大学から外研生を受け入れており、芝浦工大からも数多くの学生(卒論生と大学院生)が来てくれていました。若い学生は、活躍の場を与えさえすれば、どんどん成長します。英語で論文発表もします。そして、国際会議の参加費や旅費は、研究所がサポートしますので、学生にとってもメリットがあります。

　私は、この制度は私立大学にとって有用なものと思っています。東京理科大学では、この制度をうまく活用して毎年、数多くの学生が外研を利用しています。レベルの高い論文が発表されているのも、この制度が背景にあります。

　ただし、芝浦工大の教員からは、自分達の仕事の手抜きではないかという非難もありました。責任をもって指導したいという気持ちも良く分かりますが、問題は、学生にとってよい制度かどうかです。外研に行った学生からは高い満足度が得られています。ぜひ、日本社会全体で人材育成するという仕組みを構築したいと考えています。

第 4 章　グローバル化

　1980 年代の経済や産業分野のグローバル化に続いて、1990 年代には、高等教育のグローバル化が進みました。欧米の大学では、多くの海外留学生受け入れが当たり前となっています。

　日本においても、グローバル化は避けられません。今後は、先端分野の開発には、いろいろな国の研究者が参加し、協働する場面が増えていきます。なによりも、国連が掲げている SDGs（sustainable development goals）の 17 の目標を達成するためには、国際協調が不可欠です。

　そして、私立大学の経営面からみても、グローバル化は必至です。2018 年問題にみられるように、日本の 18 歳人口は確実に減少していきます。一方で、世界の大学需要は伸びていますので、世界に門戸を開くことは重要課題となります。

4.1. 留学経験

　私は、学長として、学生には常に“go abroad and see the world”「海外に出て、世界を見てきてごらん」と海外経験を進めています。実は、私は、1972 年から 1973 年にかけて、AFS（American Field Service）制度を利用して、米国のサンフランシスコに 1 年間留学しました。アメリカの高校に通ったのです。同期には、歌手の竹内まりやさんが居ます。

　実は、AFS 制度にチャレンジする高校生は、意識が高く、海外事情にも詳

しく、英語もよくできるのです。同時通訳として大活躍し、アポロ11号の月面着陸でも通訳を務めた立教大学名誉教授の鳥飼久美子先生は、AFS に合格するために、かなり勉強したことを話されています。私は、東京で開催された最終試験で、まったく会話ができなかったので落ちたとばかり思っていました。

　ということで、英会話の不得意な高校生だった私は、アメリカの高校で大変な苦労をします。ひとつ面白かったのは、同級生たちがアクセントの強い和製英語を、みんなで矯正してくれたことです。特にLとRの発音の違い[1]や、あいまい母音の発音など徹底的に鍛えられました。それが、その後の人生で生きています。

　一方、数学が万国共通語であることも認識しました。できの悪そうな生徒が、先生も解けないような難問を、黒板でさらっと解いたのです。日本人はすごいとクラスのみんなが目を丸くしていました。それから、数学好きが集まる同好会にも誘われました。西海岸の数学コンテストにも参加し、団体では入賞しませんでしたが、個人では準グランプリとなりました。よい思い出です。

　数学については、高校の先生方が気を使っていただき、高校ではなく、近くにあるコミュニティカレッジ（Community College）の Diablo Valley College で線形代数と微積分を履修しました。アメリカの教育には、このような柔軟性があります。

　アメリカには、地域に根差したカレッジ（短期大学）があります。地元の学生であれば、ほとんど学費もかかりません[2]。さらに、よい成績を上げると、California 大学などの3年生に編入することができます。学費も安いので、多くの同級生が進学していました。

1　発音するときにLとRは区別ができます。Lは上あごに舌をつけて発音します。Rは「う」と発音する口のかたちで「らりるれろ」と言えばよいのです。ただし、その違いを聞きとることは、ほぼ不可能です。生まれて7歳ぐらいまでに native と接していないと無理と言われています。絶対音感と同じです。

2　いまは、年50万円ほどかかるそうです。

　当時は、電子メールもインターネットもありません。日本との通信手段は手紙（船便と航空便）と電話だけです。電話は 1 分で 100 ドルかかると言われました。今と違って、家族や友人と話す機会がまったくないのです。このため、ホームシックにもかかりました。まわりに、いっさい日本語がないのですから余計そうなります。テレビも新聞も、授業も会話もすべて英語です。とても、苦労もしましたが、人生を振り返ると、貴重な体験であったと思います。私が留学で得たものをつぎに掲げます。

1　海外の友人ができたこと

　卒業後の同窓会には、毎回、招待状が届きます。昔は、エアメールでしたが、40 周年の同窓会の案内は電子メールで届きました。

2　さまざまな文化や習慣に触れ、多様性を理解できたこと

　世界は、本当に多様性に富んでいます。アフリカ系やネイティブアメリカンの友人もできましたが、彼らの話には驚かされることだらけでした。また、AFS 制度を利用して世界中の国々から高校生が集まってきます。そして定期的に交流する場が設けられます。彼らの話にも驚かされました。世界の多様性は経験しなければ、なかなか理解できないのです。

3　グローバルなコミュニケーション能力が身に付いたこと

　自分は英会話が苦手なので、AFS の先輩たちのように、英会話が不自由なく使えるようにはならないだろうと思っていました。驚くことに、渡米して 3 カ月すると、まわりの会話が聞き取れるようになったのです。とても不思議でした。

4　自分がいかに日本のことを知らないかを自覚したこと

　外国に行けば、向こうのひとは日本のことに興味深々です。いろいろなことをさんざん聞かれました。しかし、質問にまったく応えられないのです。日本に関する本を図書館から借りて猛勉強しました。

5　日本がいかによい国であるかを再認識したこと

　当時のアメリカは、とても裕福でした。1 ドル 360 円の時代です。100

ドル出せば、36000円の買い物ができたのです。しかし、一方で、いかに日本が良い国かということも自覚しました。

特に、海外の友人は、一生の宝と思っています。海の向こうに自分のことを思っていてくれる友人がいるということは、なんと心強いことでしょうか。そして、学生には、世界に友人がいることの素晴らしさをいつも伝えています。

4.2. グローバル PBL

ある講義で、学生へ向けて、海外へ行く意味のひとつとして「多様性の理解」"appreciation of diversity" を強調していたところ、ある学生がつぎのような質問をしてきました。「先生、日本人にもいろいろなひとがいます。出身地も違うし、考え方も違います。日本に居ても多様性は学べるのではないですか」と。まったくその通りです。

ただし、日本という国内での多様性と、海外での多様性は、大きく異なります。しかし、それは言葉ではなかなか伝わりません。そこで、彼には「そう思うなら、海外に行って、自分の目で確かめてごらん」と指導しました。

そして、彼は、大学が用意した2週間の海外プログラムに参加しました。タイのパートナー大学を訪問し、学生どうしで国際チームを編成し、ある課題に協働で取り組むというものです。本学では、グローバル PBL（global project based learning）と呼んでいます。

帰国した彼は、目を輝かせて私のところに報告に来ました。「先生の言っている意味がよく分かりました」というのです。そして、**図4-1**を使って解説してくれました。「日本にも多様性はあります。しかし、それは、いわば白黒の世界です。一方、世界の多様性はオール天然色なのです。青もあれば、赤もあれば、黄も緑もあります。このことは、海外に行ってみないと分かりません」と。

彼は、「自分は英語が苦手なので、海外に行っても何もできないと思って

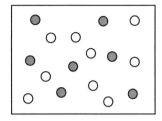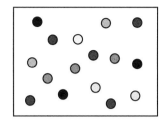

図 4-1　学生が示してくれた日本の多様性（左図）と世界の多様性（右図）の違い

日本の多様性は白黒の世界ですが、世界の多様性はオール天然色です。

いましたが、なんとかコミュニケーションがとれました。なにより、タイの友人ができたことが嬉しいのです」と言っていました。そして、「もっと英語ができれば、もっといろいろな話ができたはずです。ですので、これからは英語をもっと勉強したいと思います」とも。彼は、たった2週間でインスパイアされたのです。

　そして、その後、彼は、本学のグローバル化を支援するグローバル学生スタッフ（global student staff）となり、まわりの友人たちに、いかに海外に行くことに意義があるかを伝えてくれたのです。まさに、"Experience is the best teacher"「経験こそ最良の教師」です。

　グローバル PBL は2週間から1カ月程度で、留学としては短期です。この程度の期間で、どれだけの効果があるか不確定要素もありましたが、効果は絶大であることが分かりました。**図 4-2** にグローバル PBL の概要を示します。

　学生は、パートナー大学の学生と国際チームを結成します。初対面ですので、アイスブレーキング（ice breaking）も大事です。その後、PBL のテーマに関してチームごとに解決すべき課題を整理し、そのうえでチームメンバーが協力して課題解決にあたります。テーマによっては、デザインや試作品をつくることもあります。そして、最後に英語でプレゼンテーションを行います。

　最後の取りまとめでは、徹夜することもあったと聞きます。英語が苦手な

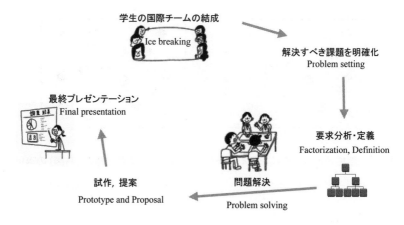

図 4-2　グローバル PBL の概要

学生でも、身振り手振り（body language）、場合によっては、ポンチ絵を描いたり、数式を筆記してコミュニケーションをとる努力もします。このような経験を積んだ学生は大きく成長します。海外の友人と意思の疎通がとれたことに大きな自信も持つようです。もちろん、学生だけでなく、指導にあたる教員も、傍で見ていて、その成長を実感できるようです。

　以上の効用が口コミで伝わり、多くの学科がグローバル PBL を実施してくれるようになりました。夏休みや春休みを使った実施がメインですので、教員にとっては大きな負担となります。それにもかかわらず、実に数多くの教員が協力してくれました。学長として頭が下がる思いです。教員にとっては、学生が大きく成長するのを目のあたりにできることが嬉しいようなのです。

　さらに、教員の負担を軽減する意味もあり、グローバル PBL には、職員も帯同します。先方大学との交渉や、住居や食事などの学生の身の回りの世話も手伝ってくれます。また、学生が体調を崩したときの対応などもお願いしています。まさに、教職協働の一環です。そして、この帯同は、職員のグローバル化のための研修ともなっているのです。

　グローバル PBL などに参加し海外を経験した学生は、その意義をまわり

表 4-1　2015 年度に実施した海外グローバル PBL 一覧

	担当部署	相手機関	国	期間
1	デザイン工学科	国民 , 蔚山大学	韓国	2015/5/15-5/22
2	電気工学科	HUST	ベトナム	2015/7/6-7/15
3	大学院理工学研究科	IMT	ブラジル	2015/8/3-8/14
4	材料工学科	UBC	カナダ	2015/8/11-8/24
5	生命科学科	UMS	マレーシア	2015/8/17-8/28
6	デザイン工学科	Nanyang STU	シンガポール	2015/8/19-8/31
7	教育イノベーション推進センター	Taiwan STU	台湾	2015/8/24-8/29
8	環境システム学科	Freiburg University	ドイツ	2015/9/1-9/10
9	デザイン工学科	UTM	マレーシア	2015/9/3-9/12
10	機械機能工学科	KMUTT	タイ	2015/9/6-9/17
11	建築工学科	ベルヴィル建築大学	フランス	2015/9/6-10/3
12	建築工学科	Moscow 建築大学	ロシア	2015/9/6-10/3
13	材料工学科	IIT Madras	インド	2015/9/20-9/30
14	MOT	延世大学	韓国	2015/10
15	環境システム学科	IIUM	マレーシア	2015/11/1-11/8
16	建築学科	HUT	中国	2015 /11
17	システム理工学専攻	高麗大学	韓国	2015/11
18	機械制御システム学科	スラバヤ大学	インドネシア	2016/1/24-2/4
19	応用化学科	忠南大学	韓国	2016/1/25-2/5
20	デザイン工学科	KMUTT	タイ	2016/2/9-2/17
21	機械制御システム学科	HUST	ベトナム	2016/2/22-3/1
22	機械機能工学科	AGH	ポーランド	2016/2/23-3/5
23	情報工学科	SUT	タイ	2016/2/25-3/8
24	電気工学科	HUST	ベトナム	2016/2/27-3/9
25	通信工学科	UTM	マレーシア	2016/2/28-3/10
26	教育イノベーション推進センター	Taiwan ST	台湾	2016/3/1-3/14
27	理工学研究科	KMUTT	タイ	2016/3/2-3/12
28	電気工学科	Taiwan ST	台湾	2016/3/2-3/11
29	電子工学科	KMUTT	タイ	2016/3/5-3/14
30	デザイン工学科	ITB	インドネシア	2016/3/5-3/17

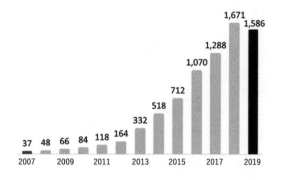

図4-3 芝浦工業大学における海外経験者数の年度推移

の同級生などに伝えますので、海外経験の重要性や意義が学内に広まりました。そして、グローバルマインドにあふれた教員や職員からも、積極的に留学することの意義が学生向けに発せられました。このおかげで、グローバルPBLの実施数は増えています。**表4-1**は、2015年に実施した一覧です。

　グローバルPBLの実施件数は、年々増えており、2019年度には90件を超すまでになっています。この結果、本学の学生の海外経験者数は、**図4-3**に示すように、飛躍的に増えています。

　表4-2は、独立行政法人日本学生支援機構が発表している2018年の協定等に基づく日本人学生留学数の大学別のデータです。芝浦工大は、全大学で5位に位置しています。これは、総学生数から見ても、私立理工系としては快挙であると、学長として教職員に話し感謝しています。

　ところで、2019年度は、コロナ禍のために2020年2月と3月に200名の学生が海外研修を断念せざるを得ませんでした。このため、前年度よりも数は減っています。

　ただし、人的移動のともなわないオンライン交流も始まっています。芝浦工大の学生と、パートナー大学の学生がオンラインでつながって、国際チームをつくり、互いに共通の課題に取り組むのです。コロナ禍を機に、Zoomなどのライセンスを大幅に増やしましたが、学生にも権限を与えました。こ

表4-2　2018年大学別日本人学生留学数

1	関西学院大学	1,833
2	関西外国語大学	1,659
3	早稲田大学	1,656
4	立命館大学	1,548
5	**芝浦工業大学**	1,364
6	明治大学	1,055
7	立教大学	1,016
8	東洋大学	895
9	同志社大学	872
10	東京大学	855

のため、学生たちは自分達の都合に合わせて meeting を開き、交流をはかることができます。オンラインでは、移動に費やす時間がないうえ、時間や場所に制約がありません。このため、国際交流をより活発化することができます。

　また、芝浦工大自体のグローバル化がかなり進んでいますので、たとえ海外に行けなくとも、入学すればグローバルマインドを醸成することは可能です。なにより、学生が海外に興味を持つことがグローバル化の第一歩と考えています。この環境が整っているのです。

4.3. 学生交流の意義

　ある日、タイのグローバル PBL に参加した学生が、「タイの仲間とパーティーをしました」と私のところに報告に来ました。タイの学生が、日本にわざわざ来てくれたのかと思ったら、そうではなく、双方のメンバーが居酒屋にパソコンを持ち込んで、Skype でつないで懇談したというのです。なるほどと思いました。

　コロナ禍の中で、遠隔会議は当たり前になっていますが、これはいまから8年前の話なのです。さらに、彼らは社会人になってからも交流を続けており、タイの結婚式に呼ばれたと報告に来ました。式のあいさつが長くて、大

表4-3　2019年卒業生のTOEIC平均スコアの年次推移

	入学時	1年次	2年次	3年次	卒業時
工学部	399	415	434	464	485
システム理工学部	398	414	424	457	480
デザイン工学部	396	475	502	513	518

変だったと笑いながら話していました。

　たった2週間のプログラムですが、国籍の異なる学生がチームを組んで、寝食を共にして、ある課題に取り組むという経験は、大変、密度が濃く、また、参加学生たちの気づきと成長を促します。なにより、海外に友人ができるということは、一生の宝となります。

　ところが、産業界からは、たった2週間では何も効果がないと厳しい意見が出ているようなのです。彼らは、観光旅行と勘違いしているのかもしれません。このため、短期プログラムに対する学生支援機構からの金銭的サポートが2020年で終わることになりました。残念でなりません。

　なぜなら、2週間という期間は、はじめて参加する学生（つまり、海外は敷居が高いと考えている学生など）にとっては、トライアルとしても、ちょうど良い長さなのです。さらに、このプログラムに参加した学生は、その後の海外プログラムにも積極的に参加し、グローバルマインドが醸成されます。このようなグローバル化の試みを通して、学生の英語力も向上しています。

　表4-3は、2016年に入学し2019年に卒業した学部生のTOEIC平均スコアの年次推移を学部別に示したものです。入学時点で400点以下でしたが、年度ともに上昇し、工学部とシステム理工学部では、卒業時には500点近いスコアとなっています。デザイン工学部では、2年次から500点を越えています。このように、学生の英語力は大学入学後も確実に向上しているのです。

4.5. 海外からの留学生

　グローバル化にとって海外留学生の増加も重要です。しかし、日本の大学には、大きな課題がいくつかあります。まず、授業を英語でできるかどうかです。日本語学校を経て、日本語のできる留学生ならば問題はないのですが、これでは、留学生の数は増えません。また、英語プログラムがなければ、海外からみても魅力のある大学とはなりえません。

　ところが英語プログラムの導入は一筋縄ではいきません。ある大学で留学生の受け入れを提案したところ、提供している科目の英語化をどうするかが議論になったそうです。教員の多くは反対です。なにしろ、日本の大学では英語で講義したことのない教員のほうが圧倒的な多数派です。さらに、日本の大学では、開講している科目の数がやたらと多いのです。本学でも7000を超える科目数もあった時代もありました。それを、すべて英語化するなど、不可能です。つまり、日本語で開講している科目の英語化という発想では、絶対にうまくいきません[3]。

　日本語の話せない学生の世話を誰がするのかも問題です。大学の履修指導だけでなく、日本の生活や、役所への届け、住居の世話など、煩雑な手続きを考えると、ていねいな対応が必要です。数人ならば、何とかなりますが、100人、200人という単位で増えたら大変です。

　芝浦工業大学では、いくつかの海外プログラムが走っていました。学部では、マレーシアツイニングプログラムと呼ばれるものです。このプログラムでは、学生は、マレーシアで3年間日本語教育を受けたのち、日本の大学に3年生から編入する仕組みですので大きな問題は起こりません。

　一方、大学院では、アジアの工科系大学とコンソーシアムを組み、修士2年からパートナー大学の学生を受入れ、博士(後期)課程の3年、計4年間をかけて博士号を授与するというハイブリッドツイニングプログラムも実施し

3　個人的には、MOOCで提供されている英語の講義を利用すればよいと考えています。

ていました。彼らは、本学で博士号を取得したのち、多くは母校の教員となって、本学との国際連携の橋渡し役を果たしてくれています。本学にとっては、まさに宝です。

修士課程の場合、修了に必要な単位数は30単位です。単位互換を進めたり、修論に重きを置く日本の制度のおかげで、スムーズに動いていました。さらに、大学院では、英語開講科目も充実していたため、留学生を受け入れることには問題がなかったのです。この際、留学生は、研究室に所属し、研究室の学生が日本での生活の世話などもしていました。留学生を受け入れる研究室では、負担はそれほどなく、むしろ研究室の国際化に役立っていたのです。

2011年、ブラジル政府主導の「国境なき科学」"Science without border" という国家プロジェクトが動き出しました。ブラジルの学生を1年間、欧米や日本の大学に留学させるというものです。はじめは、博士課程が中心でしたが、途中から、修士、さらに学部学生も対象となりました。わざわざ、ブラジル大使館の駐在員が本学に説明に来てくれました。

私は、この制度は、本学が留学生を増やすチャンスと思いました。しかし、大量の学生を受け入れるうまい方策がなかなか浮かびません。当時、副学長であった米田隆志先生が、「研究室留学」という方式を提案してくれました。彼は、本学のグローバル化に、その揺籃期から大貢献してくれた先生です。海外の留学生も数多く受け入れていました。

本学の教員は300人程度です。研究室は200もあり、卒論生や大学院生も10人以上います。この研究室で、ひとりの留学生を受け入れてくれれば、200人の留学生を受け入れることができます。ふたりになれば400人です。これが「研究室留学」です。この方式ならば、なんとかなりそうです。

教員には、躊躇するひともいましたが、研究室の学生に手伝ってもらえばよいと説得しました。もちろん、事務方の支援も必要ですが、学生が手伝ってくれれば、留学生ひとりくらいは研究室でなんとかなります。留学生は、研究室に自分の席を持ち、授業も受けながら、日本の優れた制度である卒論研究の体験もできるのです。

写真 4-1　国技館の入学式に参加した国境の科学で来実したブラジル人留学生
日本の習慣にならってスーツ姿で列席しています。満開の桜にも感激していました。

　学部における英語の講義も、日本語科目をすべて英語化するのではなく、まず、各学科に 6 科目程度をお願いし、留学生は、いろいろな学科の科目を受講すればよいことにしました。17 学科がありますから、計 102 科目になります。これを 2 年続ければ、204 科目、3 年で 306 科目となります。さらに、大学院で開講している科目も受けられるようにしました。

　この方式で、2013 年から 2015 年にかけて、延べ 100 人以上のブラジル人留学生を受け入れることができました。この試みは、本学の学部のグローバル化をいっきに進めたと思います。研究室留学という制度はいまも続いています。

　この経験から、別の留学制度も発足しました。サンドイッチ留学です。国際部の職員の発案でした。これは、日本に興味があり、将来、日本の大学(院)にも進学したいという学生が、科目履修生として本学に滞在する制度です。日本での暮らしに興味があり、日本の文化も知りたい。そのうえで、大学生活も経験してみたいという学生には適した制度です。いきなり、フルの留学生になるのは、誰にとっても敷居が高いからです。もちろん、希望があれば、サンドイッチから研究室留学にスイッチすることもできます。授業をうけるなかで、その先生の研究に興味を持つというケースもたくさんあります。

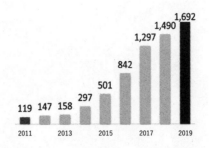

図4-4　芝浦工業大学の留学生数の年度推移

　研究室やサンドイッチ留学による学生受入れが充実してくると、他の制度による留学生も増えるようになりました。そして、留学生が増えれば、日本人学生との交流も進んでいきます。**図4-4**は、本学の留学生数の年度推移です。

　つまり、留学生が増えると、日本人学生との交流機会が増え、それが正の相互作用を生みます。例えば、海外に行くことを躊躇している学生でも、留学生と話すようになれば、海外に興味を持つようになります。それが、きっけになって海外留学をしてみようという考えも生まれます。いろいろなところで、大学のグローバル化が順調に進みだしたのです。

　ただし、留学生は半年から1年の短期がメインです。真のグローバル化を目指すためには、芝浦工大に入学して4年間あるいは6年間過ごす学生数を増やす必要があります。このためには、英語のみで学位のとれる学科の設置が必要です。

4.6. 英語のみで学位のとれる課程

　本学は、修士課程ならば英語のみで学位をとることができます。修士の必要単位は30単位です。そのうち、修士論文研究の単位も大きいです。よって、それほど負担にはなりません。一方、学部では124単位が必要となります。用意すべき科目群も多種多様です。学科修了のための必修科目や、選択

必修科目もあります。SGU 創成支援事業の始まった 2014 年には、学部の科目数は 4500 もありました。これを、すべて英語で開講するのは不可能です。

　もし、学部に導入するならば、発想の転換により、まったく異なるかたちの課程の導入が必要になります。ここで、目をつけたのが先に紹介したオナーズプログラムです。ブラジル人留学生を数多く受け入れた研究室留学もヒントになりました。つまり、1 年生から研究室で受入れ、英語の講義を受けながら、同時に先端研究にも触れる機会を与えるというものです。

　ただし、この構想をいきなり実現することは無理です。学内の理解も得られません。そこで、日本国内の International high school に通う高校生を、夏休みの 2 週間、研究室で受入れ、研究課題を与えて、研究室の学生の指導のもと課題に取り組み、最後に presentation を行うというプログラムを試行したのです。International high school Internship と名付けました。幸い、インド人の Miryala Muralidhar 先生が大学のグローバル化を手伝ってくれていました。彼のお子さんふたりは、International high school に通っており、事情もよく分かっています。

　課題は、受入研究室をどうするかでした。なにしろ、ボランティアです。Miryala 先生が奔走して、米田副学長の助けも借りながら、なんとか 10 ほどの研究室で開始することになりました。2013 年のことです。

　どうなるか心配していましたが、結果は、大成功でした。まず、参加した高校生たちが前向きで、とても優秀でした。研究室の学生は初々しいしい高校生を大変可愛がってくれました。彼らは、高校生の英語力（できるのは当たり前なのですが）と表現力の高さに、感服していました。最終日の final presentation は圧巻でした。専門家が集まる国際会議に出しても通用する発表が続出したのです。まさに、"Strike iron while it is hot" を実感しました。受け入れた先生方も喜んだようです。研究室にとって大きな刺激となったからです。高校生から元気をもらったと前向きになった学生も多いと聞きます。

　このプログラムに参加したほとんどの高校生から感謝のメールをもらいました。「大学の研究を体験できてよかった。」「研究室で歓迎会と送別会を開

いてくれた。」「最後に寄せ書きをもらって感激した。」そして、高校生たちは、この素晴らしいインターン経験を YouTube などに挙げ出したのです。

このプログラムは、次年度から大学の正式なものとして認めてもらうことになりました。実は、1 年目は、学長のポケットマネー（本当の自腹です）で支援をしていました。予算化されていなかったからです。しかし、2 年目以降は、受入研究室への研究費の補助や、指導を担う学生にも、わずかですが給与を支払うことができるようになりました。そして、プログラムに参加する高校生の数も次第に増えていきました。1 年目は 10 人程度でしたが、7 年目には申し込み数が 100 を超えました。世界中から申し込みがあったのです。口コミで、本プログラムの良さが世界に拡がったようなのです。受入研究室の数も 30 近くになりました。

2019 年には、南アフリカから先生が引率して 15 名の生徒が参加しました。この高校は、毎年、夏休みにはイギリスの大学への訪問を恒例行事として行っていたようですが、このプログラムを知って、どうしても生徒を参加させたかったと言ってくれました。趣旨が異なるため、最初はお断りしたのですが、熱意に負けて受け入れを承諾しました。

この成功をもとに、1 年生から研究室に学生を受け入れるという英語学位プログラムの導入に自信を深めました。しかし、まだ、問題があります。この新しい課程には、学科の枠をはめたくないのです。研究室に入って、最先端の研究には従事しますが、できれば、複数の研究室を経験させたいのです。そのうえで、自分の進みたい専門を見つけて欲しいのです。もちろん、1 年からやりたい研究があれば、それも可能です。しかし、学科でスタートしたのでは、うまくいきません。

ここで、嬉しいことに、2018 年に大学設置基準が改訂されたのです。教育組織と研究組織を分離し、教育ニーズへの適切な対応を重視した組織編成を可能とするため、学部段階にあっては「学科」に変えて「課程」を設けることが可能になったのです。複数の学科の科目を選択しても単位が認められ、4 年生になって専門を決めることができます。いわゆる Late specialization です。

写真 4-2　戦略的人事で採用した外国籍教員

　これならば、対応が可能です。そして、「先進国際課程」"Innovative Global Program"（IGP）として、設置を申請することにしました。

　ここで、ポイントになるのが、教育組織と研究組織が異なっていてもよいことです。実は、グローバル化をにらんで、ジョイントディグリー（JD）ならびにダブルディグリー（DD）に対応するため大学院に国際理工学専攻をつくるとともに、国際共同研究推進と研究力強化のために、外国籍教員の採用を進めていたのです。その数は 20 名を超えます。これら先生方が英語で指導可能な日本人教員と協力して、IGP に入る学生の指導にあたることになります。

　ただし、誤算もありました。ご存じのように、政府は、2018 年から 2028 年まで、東京 23 区の定員増の抑制を発表しました。この政策は、地方の学生が東京に集中するのを防ぐのが目的なので、IGP のように海外の学生を対象としたプログラムには適応されないと思っていたのです。政府は、海外からの留学生を増やすことを積極的に進めていたからです。ところが、留学生を対象とした IGP 課程も定員増抑制に抵触すると言われたのです。結果として、工学部の定員を IGP に振り分けざるを得なくなりました。このため、1 学年 9 名という定員となりました。

　一方で、これでよいとも思いました。"start small, grow big"です。最初から

大風呂敷を拡げたのでは、教員も職員も疲弊します。これから、じっくり時間をかけて、このプログラムを育てていきたいと考えています。

4. 7. 世界標準の入試

　英語で学部を卒業できる課程ができましたが、つぎの課題は、どうやって学生をリクルートするかです。まず、考えたのが、日本に住んでいるInternational High School の高校生たちです。彼らの親は、外交官であったり外資系企業に勤めています。日本で起業した外国人たちも居ます。世界的に活躍されていますので、子供には英語での教育を優先します。一方、日本の大学の理工系学部で、英語で修了できる学部の学位プログラムは、ほとんどありません。このため、彼らは、欧米の大学に子供たちを進学させているのです。しかし、学費は決して安くはありません。年600万円以上もザラです。生活費まで入れたら、さらに150万円以上の出費です。そこで、理工系志望で、国内の International School に通う高校生を、国際プログラムのターゲットとしました。彼らを Summer Internship に受け入れたのは、このような狙いもありました。

　しかし、将来の発展を考えれば、世界中から学生を集める必要があります。日本式の入試では対応できません。そこで、目をつけたのが、Universal College Applications です。これは、アメリカの複数の大学がメンバーとなっているオンライン入試です。学生は、ここに登録すれば、ひとつのフォームでメンバー大学すべてにエントリーできるので大変便利です。提出するのは、高校の成績証明書と SAT (Scholastic assessment test) [4] の結果、TOEFL の点数、第三者の推薦書などです。エッセイを課す場合もあります。実は、Miryala

---

4　大学能力評価試験. アメリカの大学入試の共通試験であり、非営利法人の College Board が運営しています。Reading, Writing, Math（読み、書き、そろばん）の試験であり、1 年に 7 回開催されます。大学志願者は何回でも受けられますが、難関大学では、1 回目の試験の点数しか認めないところもあります。

先生の長男と、私の娘が UCA にエントリーしていましたので、事情は、よく知っていました。

ただし、いきなり学部入試へ導入するのは大変です。そこで、すでに芝浦工大として、世界に門戸を開いている大学院入試への導入から始めることにしました。偶然、日本アクティブラーニング協会から UCA の日本導入の動きがあることを知り、担当者にお会いして話を聞いたところ、コストもあまり必要とせずに、導入可能であることを知りました。こういう新システム導入では、トラブルがつきものですが、問題なく導入できました。さらに、大学院事務課では、本システムを日本人入試にも対応できないかを検討したのです。オンライン化できれば、大きなメリットがあります。ただし、日本語版の作製が必要となります。実は、これにも迅速な対応をしていただき、こちらも問題なく導入できました。いまでは、The Admission Office（TAO）が世界標準の入試として日本への導入が進められています。先進国際課程 IGP の入試にも TAO を利用しました。

4.8. 日本人学生のための国際プログラム

国際化には、海外からの学生の受け入れも重要ですが、日本人学生のグローバルマインドを醸成することも重要です。大学では、海外留学やいろいろな海外プログラムも用意していますが、参加は任意です。

そこで、よりいっそうのグローバル化のために、海外留学を必修とするプログラムの導入を進めています。ただし、この導入にも工夫が必要でした。いきなり、ある学科が、留学をすべて必修にしますと宣言したら、混乱が生じます。そこで、システム理工学部では、留学やグローバル化に積極的な学生を後押しするプログラムを導入したのです。それは専門分野を英語で学び、海外の大学で専門科目を受講し、英語での研究を進めるという先進的なカリキュラムです。

大きな特徴は、留学の必修化と、卒業論文研究を英語で行う点かと思いま

す。ただし、いろいろな課題もありました。このプログラムは、システム理工学部のすべての学科に導入したのですが、それぞれの学科には必修科目があります。それが、各学年で開講されていたのでは、留学することができません。ですので、必修科目の見直しを行ったのです。このことは、改めて、各学科の必修科目の必要性を考えるよいきっかけになったと思っています。

　ただし、国際プログラムから通常のものに変更できるという道も作りました。何らかの原因で、留学ができなくなる場合もあります。その場合には、124単位を取得すれば、通常の学科の卒業が認められるようにしたのです。

　幸いなことに、多くの学生が国際プログラムにチャレンジしてくれています。グローバルな活躍を期する学生には、挑戦しがいのある課程です。将来は、全学展開する予定です。

4. 9. 真のグローバル化とは

　いま世界では、ポピュリズム（populism）が台頭しています。ヨーロッパでも、アメリカでも、国粋主義が人気を集め、行き過ぎたグローバル化への反動とも言われています。しかし、これら国で起こったことは、真のグローバル化ではありません。安い賃金で働く労働者として、異国の移民を受け入れただけに過ぎないのです。

　真のグローバル化には“diversity and inclusion”、すなわち、「多様性の受容」が重要であり、相手の立場を理解し、互いの違いを尊重し、それを受け入れることが必要なのです。

　いまや、世界は、経済も教育も研究もスポーツも国境がなくなっています。一国だけが繁栄することはありえません。他国と協調し、協力して、互いに発展することが必要です。学生には、常に、グローバルな視点に立って、自国である日本に軸足を置きつつ、世界の持続的発展に貢献できるひとになってほしいと伝えています。

第5章　ダイバーシティー

　大学において教育と研究を効果的に進めるためには、ダイバーシティー（diversity）すなわち多様性が重要です。企業なども含めて、世界に開かれた組織においては、ダイバーシティーを尊重することが組織を活性化するために重要であると言われています。多様性には、国籍、人種、宗教、歴史、文化、身体的特徴や、性別なども含まれます。

　アメリカは、人種のるつぼと言われるくらい多様性にあふれた国ですが、驚くことに、多くの教育関係者がアメリカの教育現場はダイバーシティーに欠けると主張しているのです。彼らの危惧は、見た目の多様性だけではなく、生徒たちの考え方のことを指しているようです。アメリカ社会の思想が均質化しており、ダイナミズムが失われつつあると危惧しているのです。よって、留学生の受け入れに対して、とても積極的です。

　それでは、なぜ、教育現場においてダイバーシティーが重要となるのでしょうか。その理由として、以下の点が指摘されています。

1. Diversity enriches the educational experience.
多様性は、教育経験を豊かにする

2. We learn from those whose experiences, beliefs, and perspectives are different from our own.
ひとは、経験や考え方が違い、自分とは異なった見方をするひとたちから、より多くのことを学ぶ

3. Diversity encourages critical thinking.

多様性は、論理的思考(クリティカルシンキング)を育む

4. Diversity fosters mutual respect and teamwork.

多様性は、互いを尊重する精神を涵養し、チームワークの醸成へとつながる

いかがでしょうか。教育現場にいる立場からすると、なるほどと実感できるものばかりです。グローバルに活躍し、好業績を上げている企業も、必ずダイバーシティーの重要性を掲げています。そして、男女共同参画推進 (promotion of gender equality) もダイバーティー強化の一環なのです。

5.1. 男女共同参画

2012 年に学長に就任して、すぐに男女共同参画推進を宣言しました。それは、これからの大学にとっては、多様性 (diversity) そして男女の協働が重要と考えていたからです。しかし、当時は、まともに取り合う教職員は多くなかったです。それは、男社会である日本の工業大学には、男女共同参画は無理という固定観念があったからだと思います。

当時、教職員にアンケートをとったのですが、まず「男女共同参画」という活動を知らない男性教員がほとんどでした。さらに女性教員採用促進策であるポジティブアクション (affirmative action) には、明らかに反対でした。

一方、女性教員には、半分、あきらめがあったと思います。ただし、女性教員もポジティブアクションには反対でした。下駄をはかせて採用する[1]のはよくないという考えです。女性職員の管理職登用については、そもそも管理職になりたいとは思わないというひとも多かったのです。

そこで、学長の本気度を示すためにも、2013 年に文部科学省科学技術人材育成費補助事業 である「女性研究者研究活動支援事業(一般型)」に申請し

---

[1] これは明らかな誤解なのですが、評価の低いひとでも女性ならば無理に採用することだという印象を持っていたようです

ました。この申請も、教職協働により行いましたが、みごとに採択されたのです。教職協働は進んでいたものの、この事業の採択には申請を手伝ってくれた当人たちも、少し戸惑っているようでした。正直、工業大学では男女共同参画は無理と思っていたのでしょう。

そして、男女共同参画推進室も立ち上げ、ちょうど MOT 教員として、この分野の第一人者である國井秀子教授が居られたので、室長をお願いしました。ただし、國井先生の話では、日本においては、企業も大学も女性活躍を推進するのは、正直とても難しいということでした。

芝浦工大においては、管理職の割合は少ないものの、女性職員は全職員の半分近くを占めています。課題は、女性教員数でした。しかし、女性教員を増やしてくださいと言っても、話は簡単には進みません。まず、学内において、その重要性を理解してもらうことが第一歩と考えました。

そのために、男女共同参画に関するシンポジウムを開催したのです。講演者は、学長、副学長と学部長です。各学科の主任は参加を必須としました。外部にも公開することにしました。学部長には、各学部の方針を話してもらうことにしました。当然、彼らは、男女共同参画について勉強します。そして、「世界の中で日本がいかに遅れているか」「男女共同参画がいかに重要か」「工学分野の遅れが深刻なこと」「国立大学における目標をもった試み」「日本政府が掲げる 202030 の話[2]」などを勉強してくれます。

さらに、外部のひとが参加しているなかで、「うちの学部は男女共同参画には関係ないのでやる気はありません」とは言えません。それ以上に「女子学生を増やしたいと言っているのに、女性教員がいないのでは話にならない」など、全員から前向きの発言が聞かれました。

とは言え、これですぐに男女共同参画が進むわけではありません。いかに優秀な女性に本学の教員に公募してもらえるかも鍵でした。

2　ニイマルニイマルサンマルと読みます。2020 年までに指導的地位にある女性の割合をを 30% にまで高めるという政策です。残念ながら、目標は達成できませんでした。

写真 5-1　東京都市大学の北澤宏一学長を招いて開いた男女共同参画推進に関する パネルディスカッション

左は司会の國井秀子男女共同参画推進室長。

5.2. ポジティブアクション

　男女不平等の状態を解除する一手段としてポジティブアクション（positive action）があります。英語では、affirmative action とするほうが一般的です。例 えば、公募の際に女性優先枠を設ける、同じ評価ならば女性を優先して採用 するなどの措置です。しかし、世の中では、ポジティブアクションは不評で す。すでに紹介しましたように、あたかも、下駄をはかせて無理やり採用す るという誤解があるのです。男性だけでなく女性からも、この措置に対する 反対意見が聞かれました。

　ただし、大学の公募は、どうも違うのです。まさに、女性に対するネガ ティブアクションと言える対応なのです。例えば、女性がせっかく公募して きても、女性だからということで書類選考で落としてしまうことが多いので す。その理由として、「工業大学の卒論指導は、大学に泊まり込んで徹夜す るのが当たり前であり、場合によっては研究室で雑魚寝する。だから、女性 には務まらない」ということを挙げるのです。しかし、このような指導は時 代遅れですし、男性教員でも嫌でしょう。一方で、多くの教員は、女子学生

の数を増やしたいとも言っているのです。私からは「女性教員のいない大学に、女子高校生が来たいと思いますか」と問うています。

　さらに、つぎのようなこともありました。ほぼ同年齢で、業績に関しては女性候補者のほうが明らかに優れていました。しかし、学科からの推薦は業績のない男性候補者でした。彼らの言い分は、男性に関しては「業績がないが、まだ若いので、これから鍛えれば伸びるだろう」という評価です。一方、女性に対しては「まだ、若いので業績がいまいちである。もう少し修行を積んでから公募したほうがよい」という評価です。明らかなネガティブアクションです。ただし、この点を指摘してもピンとこないようでした。

　そこで、学長としてダイバーシティーの大切さを話し、男女共同参画推進はその一環であると宣言したのです。

男女共同参画推進によせて

　男女共同参画社会基本法が 1999 年に制定されました。これは、「男女が社会の対等な構成員として、社会のあらゆる分野における活動に平等に参画できるようにすること」を意図した法律です。男女共同参画は、英語では gender equality と表記されます。

　しかし、世界では、性別だけではなく、人としての多様性（diversity）、すなわち、人種、国籍、年齢、さらには身体的特徴の違いなどを尊重（respect）し受け入れ（accept）ようという考えが主流となっています。

　これは、本学が進めているグローバル化においても重要な考えであり、さらに、障がいを持った人たちと共生できる大学づくりにも通ずるものです。社会も組織も多様な人たちから構成されています。これらの人たちが、一人ひとりの"違い"に関係なく全員が公平に組織に参加できる文化の醸成が大切です。これを inclusion と呼びます。

　実は、グローバルに活躍している企業では、diversity and inclusion が当たり前のこととなっています。企業の将来性をみるときに、女性がいきいきと働いている職場かどうかをみればよいとも言われています。大学も同じではないでしょうか。

　残念ながら、1999 年の法制定以降も、日本は世界で女性の社会進出が最も遅れ

た国というレッテルを貼られ続けています。先日、来日した IMF 専務理事のラガルト女史は、女性の活躍が日本経済を救うと強調されていました。

　政府は 202030（にいまるにいまるさんまる）を目標に挙げています。これは、2020 年までに政治、経済、教育などあらゆる分野で指導的地位に占める女性の割合を 30% まで挙げようという目標です。

　国立大学法人では 2015 年までに、女性教員の比率を 17% にすることを、必ず実現すべき目標とし、各大学に要請しました。このため、女性枠を決めて教員公募をする大学もあります。 組織の活力は、多様性によって生まれます。社会が大学に要請しているイノベーション創出も、多様性の中から生まれます。男女共同参画推進は、その一環です。本学も、多様性を受容することで、さらに元気のある大学を目指して前進したいと思います。

2012 年 4 月　　学長　村上雅人

　とは言え、私立大学では定年退職者の補充による教員採用がメインとなります。さらに、公募に女性が手を上げてくれなければ話になりません。当時は、工業大学の公募というだけで、多くの女性が、最初からあきらめていたようにも思います。これでは、大きな変革は難しいです。

5. 3. 戦略的人事

　そこで、まず男女共同参画推進室が、この先数年の学部学科ごとの教員公募情報について集約し、表にまとめてくれました。そのうえで、女性教員や、連携している大学とのネットワークを使って、優秀な女性教員候補の情報を全国から集めることにしたのです。つまり、受け身ではなく、優秀な人材を積極的に採用するという戦略的人事を打ち出しました。そして、本学の将来を担っていただけそうな女性には公募を積極的に呼びかけたのです。

　さらに、教員採用にあたっては、学長が最終面接することにしました。最終面接は、プレゼンテーションから質疑応答まですべて英語で行います。これについては、教員からの反対が予想できたので、理事会の了解も得まし

た[3]。

　大学によって方式は異なると思いますが、教員は、一般には公募によって
募集します。その分野の学術雑誌や、いまでは JREC-IN という公営の研究
者人材データベースが載ったポータルサイトがあります。このサイトに登録
すれば、大学の公募情報を載せることができます。候補者もこのサイトから、
どの大学が、どんな分野で教員を公募しているかが分かり、応募できるのです。

5.4. 教員選考

　教員採用は、まず書類選考から始まります。候補者は、所定の様式に、履
歴書や研究業績、教育への抱負などを記して応募します。提出された種類を
もとに、当該学科の教員と、所属する学部から選ばれた教員が集まり、選考
委員会を立ち上げます。委員長は学部長が務めることになっています。ここ
で、数名の面接候補者を選ぶのです。

　その後、面接候補者に対して、この委員会が面接を行います。面接はひと
り1時間から2時間程度で、模擬授業や、研究内容などを話してもらい、質
疑応答となります。そのうえで、学長面接候補者を推薦してもらうのです。

　かつては、学科が書類選考と面接を行い、それを学部長ならびに学長が追
認するかたちをとっていました。全学組織としての教員選考委員会の書類審
査などがありましたが、そこで覆るということはなく、実質的には、学科が
推薦した候補者が、そのまま採用されていたのです。

　しかし、この方式では、退官する先生の分野の後継者を採用することにな
り、将来の発展が望めません。新しい分野へ進出することも難しくなります。
そこで、学部長が形式ではなく、実質的に選考に関与することにしました。
とは言え、学科の意向を無視することは難しいです。実際に、学長が最終面
積を行うとアナウンスされたときにも、「学長が学科の意向を無視できるの

3　実際には、当時の五十嵐久也理事長から、教員採用については学長が積極的に関与して欲
　しいという強い要望がありました。

か」という意見があったようなのです。

　しかし、大学の将来を考えた人事をしなければなりません。実際に、最終面接で不合格にした候補者も出ました。学科から不満があったと聞きましたが、私からは、10 年 20 年先の大学を見据えた人材を推薦して欲しいという話をしました。学長が学科推薦の候補者を不合格にしたら暴動が起こると心配する教員も居ました。しかし、実際には、学科主任や学部長から感謝されたケースもあったのです。それは、学科選考において、ある先生が強く推薦する候補者が居たとしましょう。学部長が、その候補者の資質を疑問に思っても、強い推薦があった場合には、なかなかノーとは言いにくいようなのです。「学長のおかげで、助かりました」と言われたこともあります。

　そこで、最終面接にはひとりではなく、複数の候補者を推薦するように変更しました。学長の仕事が増えるという心配の声もありましたが、大学は「ひと」で決まります。学長として、とても重要な仕事と考えています。

5.5. ノーマルアクション

　ポジティブアクションには、男性教員だけでなく、女性教員からも反対意見があることは、すでに紹介しました。しかし、大学ではネガティブアクションが起きているのです。優秀な候補であっても、女性というだけで書類選考でふるい落とすことが当たり前となっていました。大学だけでなく、多くの企業でも、男性には「将来を期待して出世させる」のに対し、女性には「実績を厳しく求める」という傾向があると聞いています。

　教職員には、このような状況を説明し、学長として、芝浦工大は「ネガティブアクション」を「ノーマルアクション」に変えると宣言しました。さらに、書類選考においても目を通すようにしました。これが功を奏して、優秀な女性教員が採用されるようになったのです。

　図 5-1 に芝浦工大における女性教員数の推移を示します。2019 年には、61名となり、全教員に占める割合は、ほぼ 20% となっています。

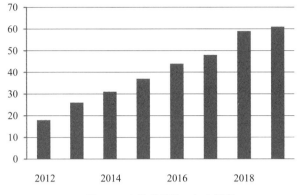

図5-1　女性教員数の年度推移

2012年には18人（8.8%）だったものが、2019年には61人（20%）となっています。

　女性教員が増えたことで、大学にも変化が起きました。女性教員どうしのネットワークができたのです。また、女性教員と職員との連携も始まりました。

　さらに、嬉しかったのは次のデータです。リクルートが毎年、高校三年生を対象に行っている調査です。理系を志望する女子校生の2018年度の関東圏大学の志願度を**表5-1**に示します。理学部のない芝浦工大は苦戦しているのですが、2017年度の43位から14位に上がっています。

写真5-2　女性教員のネットワーキング。ランチタイムの意見交換。

左から菅谷みどり、宮田純子、芹澤愛、我孫子聡子各先生、右端は大倉倫子男女共同参画室長。

表 5-1　2018 年度関東圏理系女子志願度

順位	昨年順位	大学名	順位	昨年順位	大学名
1	1	北里大学	8	3	慶應義塾大学
2	4	東京農業大学	8	2	首都大学東京
3	6	日本大学	8	13	筑波大学
4	9	明治大学	11	17	東邦大学
5	4	千葉大学	12	7	早稲田大学
6	10	杏林大学	13	21	群馬大学
6	8	東京理科大学	14	43	芝浦工業大学

　他の大学は、理学部や薬学部を要する大学ですが、工学系が中心の芝浦工大としては大躍進ではないでしょうか。本学が進める男女共同参画推進が浸透しつつあると感じています。

5.6. ライフイベント

　女性教員にとって、ライフイベントは研究者としてのキャリアを考えるうえでも重要となります。特に、出産と育児は大変ではないでしょうか。

　本学の優秀な女子学生が博士課程に進学してくれたのですが、彼女から驚く話を聞きました。学会で知り合いになった女性教授から「大学でのキャリアを目指すなら、結婚はあきらめなさい」と言われたというのです。大学は男社会だから、男性の3倍の成果を出さなければ認められないとも言われたようなのです。

　別の女性からは、子供が欲しいならば、博士学生の間に結婚して産みなさいと助言されたようです。彼女は、学生結婚をし、子供も設け、いまは政府系の研究機関で働いています。しかし、彼女の話は、私にはショックでした。

　これが、日本の抱えている問題だとしたら深刻です。もちろん、海外にお

いても、見えない女性差別が存在することは知っています[4]。ただし、私の知り合いの女性研究者は、子育てもしっかりしながら、大学教授として活躍しているひとも多いです。ただし、口には出さないだけで、みなさん大変な苦労をされたのだと改めて思いました。とは言え、今後の日本の発展を考えると、等閑にはできない問題です。

　本学では、女性教員だけでなく、介護などの問題に直面している男性教員に対しても、研究支援員を配置する制度を導入しています。メインには、出産された女性教員の研究などの手伝いです。大学院生が支援員となりますが、彼らも、この経験を通して、いろいろなことを考えるようです。始めは、アルバイト程度に思っていたのが、男女共同参画推進についても、しっかりした考えを持つようになり、成長が感じられます。

　また、先生が研究室を留守にしている期間については、退職された先生にお願いし特任教員として研究室の世話や講義をお願いする制度も導入しています。本学を経験している先生ですので、安心して任せることができるのです。

　もちろん、出産後も大変です。小さいお子さんを抱えての仕事は、教員、職員ともに苦労は絶えません。特に、お子さんが病気になったときなど対応に苦慮します。そこで、大学内に女性教員のために保育室を設置することが議論になりました。獲得した競争的資金である女性研究者支援事業においても推奨されていたからです。これに、当時の男女共同参画室長の大倉倫子先生が意義を唱えたのです。なるほどと納得させられました。「国は、女性教員の職場に保育室を設置すれば、自分たちはよい支援をしたと思っているが、発想が貧弱である。男性教員の職場に設置するという選択肢がなぜ出ないのか。それは、子育ては女性に任せるという固定観念があるためだ」という言うのです。おっしゃる通りです[5]。

4　ガラスの天井（glass ceiling）と呼ばれています。組織内での昇進を阻む見えない障壁という意味です。

5　男女共同参画室長を、國井秀子先生、大倉倫子先生、伊藤洋子先生にお願いしましたが、3人の話にはいつも感心させられました。これこそがダイバーシティーと感服した次第です。

「しかも、多くの女性は職場に行くために、長時間をかけて満員電車に乗ることがある。小さな子供を連れて、それが、どれほど大変なことか。それよりも自宅の近くに優良な保育所を探すほうがずっと役に立つ」と。そこで、芝浦工大は、大学に保育所をつくるのではなく、保育所探しと金銭的な支援をすることにしたのです。

ダイバーシティーの基本ですが、常に相手の立場を尊重することが大切です。男性では、なかなかこういう発想は出ません。

5.7. 外国籍教員

大学のダイバーシティー強化のためには、外国籍の教員を採用することも重要です。海外の大学の教員組織は、実に多様です。しかし、日本の大学では、長い間、日本人の教員が、日本人の学生に、日本語で教育するのが当たり前でした。このため、大学にある書類もすべて日本語です。実は、役所や政府機関でも状況は同じです。このため、日本語を読めない教員の採用は、ハードルが高いのです。「ひとりの外国籍教員のために、教授会の資料の英語化を誰がするのか」という質問もありました。そんなことは無理だろう。だったら止めようというサインです。結局、日本語のできる外国籍教員しか採用できないということになるのです。

しかし、これでは、いつまでたっても教員のグローバル化は進みません。

大学の教員採用は、退職した先生の空いたポストを補充することで行われますが、これでは、戦略的な人事はできませんし、外国籍の教員採用も難しいです。そこで、いくつかの工夫が必要になります。

幸いなことに、芝浦工大では、他大学に比べると教員の数を増やす余地がありました（逆に ST 比がすくなく、マイナス要因でもあったのですが）。そこで、SIT 総合研究所ならびに大学院所属の教員として採用することにしました。学部所属では、教授会というハードルがあるからです。そして、可能であれば、共同研究が可能な日本人教員をホストとして配置し、事務的なサポー

トをお願いすることにしたのです。そのうえで、英語による授業を受け持つことも可能としたのです。

　ところで、会議の話が出ましたが、実は、いまは優れた翻訳ツールがあります。例えば、日本語会話をすぐに英語に直すことができるのです。外国籍の先生方は、このソフトをうまく活用して、日本語の会議にも出てくれています。文書にしても、AI の浸透で、瞬時に多言語に訳せるソフトもあります。このようなデジタルテクノロジーを利用すれば、意思の疎通にそれほど苦労しません。いまや、テレビの CM でおなじみの、多言語会話を通訳できるデバイスが格安の値段で販売されています。

　一方、グローバル化の章でも紹介したように、海外の留学生にとって魅力あるプログラムは、英語のみで学位のとれる課程です。日本人の教員だけで、このようなプログラムを動かすのは簡単ではありません。本学では、戦略的人事で採用した外国籍教員も参加して、英語のみで学位取得可能な先進国際課程（Innovative Global Program）が 2020 年 10 月にスタートしました。

第6章　教職学協働

すでに何度か表明していますが、私は、大学運営にもっとも大切なことは、教職協働 (faculty-staff partnership) であると考えています。大学という組織を構成する教員と職員が、互いの立場を尊重し、共通の目標に向かって進むことが重要なのです。特に私立大学では、教員も職員も、その数は国立大学に比べて圧倒的に少ないのです。互いに協力しなければ太刀打ちできません。

ただし、大学においては、教員と職員の仕事の性格が大きく異なることから、その協働が難しいとも言われてきました。

職員は大学に所属している組織の一員ですが、教員は、大学に所属していも、個人的な要素が強く、組織の一員という意識はあまりありません。例え

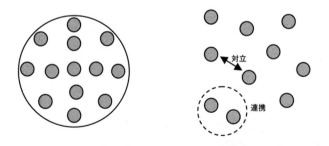

図 6-1　職員（左図）と教員（右図）の違い

職員は組織化されており、組織の一員となります。一方、教員は大学には属していますが、独立しており、個の存在です。教職協働においては、この違いを理解する必要がある。

ば、他大に魅力を感じたら、その公募に手を挙げて、採用が決まれば自由に
移動することも可能です。事前の相談も不要です。どちらかというと、中小
企業群の社長という譬えがよいかもしれません。このため、組織からの束縛
は弱いと言われており、大学よりも学会などへの帰属意識が強いとも言われ
ています。

　ただし、最近では優秀な職員の引き抜きも活発になっています。つまり、
職員にも流動性が生じているのです。大学は人材集約組織です。「ひと」で、
その命運は決まります。そのうえ、大学改革や運営には共通点が多く、その
担い手である優秀な職員の存在が大きいからです。そして、優れた職員は、
どの大学においても力を発揮しますので、当然、ヘッドハンティングの対象
となるのです。

　ところで、大学は教育研究の場であることから、重要な決定においては、
教員が主であり、職員は従となるべきという考えも、かつてはありました。
ただし、最近の社会情勢から、職員が大学運営において主体性を発揮すべき
場面も増えています。そして、教職協働の重要性を理解し、大学の発展のた
めには教員と職員の協働が必要であることを強く認識する人たちが大学には
増えてきています。そのような人材を発掘し、教職協働の成功例をつくるこ
とが、大学にとっては、重要となります。

　私が副学長として仕えた柘植綾夫先生は、2008年から2011年まで学長を
つとめられました。柘植先生は、三菱重工の常務取締役から内閣府へ移動し、
総合科学技術会議議員をされていました。教育改革にも熱心で、本学の学長
へ招へいされた際に、その実践の場として快諾されたそうです。ただし、当
時は、教職員の選挙で学長は決まっていましたので、学長の職が確約されて
いたわけではなかったのです。

　柘植先生は、ごく自然に、教職協働は当り前のことと捉えていました。企
業の組織論に立てば、構成員が協力しあうのは当たり前という考えだったと
思います。柘植先生が学長選挙に当選されてまもなく、理事長を務められて
いた長友隆男先生から「副学長として柘植先生を支えてくれませんか」とい

う依頼を受けました。大学組織は一般とは異なる特殊事情があります。まだまだ教授会が絶大な権力を握ってもいました。教員組織との橋渡し役が必要と考えられていたのでしょう。しかし、私には、そのような器量はありません。それに、当時は、企業と共同で、専門の超電導の実用化に取り組んでもいました。大型予算も獲得できていたので、いったんはお断りしました。

かつて、芝浦工業大学は教育大学であると主張する教員も多かったようです。研究力強化をめざす大学教員の有志が、2000 年に江崎玲於奈先生を学長に招へいました。当時は、江崎先生に面と向かって「ここは、教育大学なのであなたにふさわしい大学ではない」と言う学部長もいたと聞きます。しかし、よい教育をするためには、教員自らが最先端研究の場に身を置く必要があります。教育と研究は不可分です。研究力のない教員には、学生にとって魅力ある教育はできません。

文科省は、2002 年と 2003 年に 21 世紀 COE プログラムを募集しました。COE は center of excellence の略であり、卓越した拠点のことです。大学どうしの競争を活発化し、国際競争力のある研究拠点をつくるのが狙いです。対象は大学院であり、採用されれば、5 年間にわたって 1 億から 5 億円の資金を得ることができます。この委員会の審査委員長を務めたのが江崎先生だったのです。しかし、自ら学長を務める芝浦工大からは採択がありませんでした。2 件提案したのですが、見るべき研究成果がないという判定でした。

なんとか大学の研究力を上げたいと思う教員もいました。私が、2003 年に芝浦工大の教員に招へいされた背景には、この研究力強化という側面があったと聞きました。そして、2003 年に COE への申請書をまとめようとしたのですが、あきらめざるを得ませんでした。研究拠点を形成するための研究者がそろわなかったのです。

その後、江崎先生は任期途中で芝浦工大を去りました。このままでは、教育大学を標榜しながらも、教育も研究もダメな大学になる可能性がありました。大学の研究力を高める。そのためにも、副学長になろうと考え直したのです。もちろん、教育をないがしろにすると言っているのではありません。

　柘植先生も、内閣府の議員として、大学教育、特に、工学教育改革の必要性を訴えていました。

　そして、専門分野の細分化が急速に進む工学分野において、シグマ型統合能力人材[1]の育成の重要性を提言されていました。この人材は、工学研究能力、複眼的工学能力(専門に閉じない複数分野の工学的知見を理解し活用する能力)、技術経営(MOT)能力、メタナショナル能力(自国の利益を基盤として国際的視野から社会的価値創造を実現できる能力)を有すると定義されています。柘植先生は、そのような博士人材の育成を芝浦工大で実現したいと考えられていたのです。そして、なにより教育実践には教職協働は不可欠です。

6.1. 海外における教職協働

　教職協働を推進するにあたって、ふと、海外の状況はどうなっているのだろうかと疑問に思いました。もちろん、大学運営は、国によって制度や形態が異なりますが、「教育研究を通して人材育成をする」という共通点があります。また、海外においても教員だけで大学運営ができるわけではありません。

　調べているなかで、カリフォルニア大学(University of California)が 1999 年 1 月に、教職協働に関するタスクフォース(The Task Force on Faculty/Staff Partnership)を立ち上げたという記事を見つけました。

　その目的に、「教員と職員の対立関係を解消するための方策を検討する」
"Build awareness of the avenues available to faculty and staff to resolve conflicts"
とありました。カリフォルニア大学においても、教員と職員の協力関係は、それほどうまくいっていなかったのです。そのうえで「教員と職員が互いの職務を理解し、その協調関係を強化することで、誇りをもって働ける職場

1　シグマとは、総和のことです。数学のシグマ(Σ)記号と同義です。専門分野の複雑化や、分野ごとの深化(タコつぼ化)が進む工学分野において、社会価値創造すなわちイノベーションを社会にもたらす人材には、工学分野を俯瞰し、統合して判断できる能力が必要と考えられます。それが、シグマ型統合能力人材です。

環境をつくる」" Enhanced partnership in consideration of the mutual obligation of both faculty and staff to create a positive work environment "

ことも標榜しています。そして、タスクフォースの提言は

　　1. 教員と職員のオープンかつ両者参加型のコミュニケーションを促進する

　　Foster open and inclusive communications among faculty and staff members

　　2. 教員と職員の役割の違いを理解しつつ、両者が大学の運営に責任を持ち、誇りを持って仕事のできる環境を協働でつくる

　　Recognize that there are differences in roles, but that both faculty and staff bring value to the University, and equally share responsibility for creating and sustaining a positive work environment

やはり、海外においても教職協働は重要視されつつあるようです。そして、提言内容も、私の考えとまったく同じでした。両者のコミュニケーション強化と相互理解です。問題は、どうやって、これを実現するかにあります。

私は、些細なことでも良いので、普段から教員と職員が情報共有することが大切と思っています。そして、何か問題が生じたとき、それをオープンにし、双方が知恵を出し合って解決にあたる。もちろん、教員と職員の懇親の場も重要です。そのうえで、共同のプロジェクトに参加する。例えば、外部の競争的資金を教職協働で獲得を目指すことは重要と考えています。

6. 2. SWOT 分析

2008 年に、教員と職員が一緒のチームで、芝浦工業大学の SWOT 分析をすることになりました。柘植先生の発案であり、私が、副学長時代のことです。SWOT とは、対象となる組織の強み (strength)、弱み (weakness)、機会 (opportunity)、脅威 (threat) のことです。**表 6-1** のような構造となります。

表 6-1　SWOT 分析の構造

	プラス面	マイナス面
内部環境	S 強み (strength)	W 弱み (weakness)
外部環境	O 機会 (opportunity)	T 脅威 (threat)

　まず、大学の内部環境、あるいは大学の内部資源が抱える強みと弱みは何かを列挙します。つぎに、外部環境とは、大学を取り巻く政治、経済、社会情勢における機会と脅威のことです。

　これらを整理し、自分たちの立ち位置を明確にします。そのうえで、自分の大学の強みと弱みを列挙し、将来に向けて取り除くべき脅威と、どこにチャンスが見いだせるかを分析します。それらが明らかになれば、大学のどこを改革すべきか、大学はどのような方向に進むべきかが明らかになります。

　つまり、**図 6-2** に示すように、大学としての戦略を SWOT 分析結果をもとに策定することができます。

　教員と職員が協働する基本は、互いに顔を合わせコミュニケーションをとりながら共同で作業をすることです。SWOT 分析には、事務の部長や課長などの幹部クラス、また、教員からは副学長、学部長、学長補佐が集まりました。将来を担うと思われる若手の教職員にも声をかけました。形式はワールドカフェ方式です。まず、各自が自分で大学の SWOT 分析を行います。そのうえで、4-5 名の教員と職員の混成チームを編成し、それを取りまとめたうえで、代表者が発表をします。発表者はできるだけ若手を指名します。そのうえで、最後にまとめを行うのです。

　この分析から、いろいろな課題が浮かび上がりました。教員の視点、職員の視点で問題の捉え方が異なったり、ひとによって強みと弱みが逆転する場合などもありました。ただし、これら齟齬は、多くの場合、一緒に話し合いをすることで解消することができます。やはり、対面で意見を交わすことが重要なのです。これは、教職協働の基本と思います。

　分析結果の代表的なものを以下に示します。これをもとに、大学が改善す

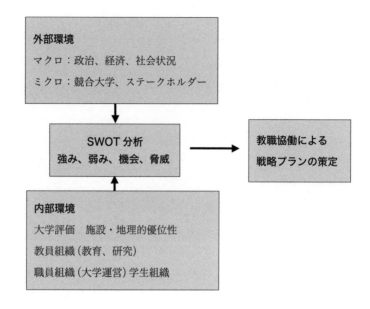

図6-2　SWOT分析結果は大学の戦略プランに活かすことができます。

べき点や、今後進むべき方向が明らかとなります。

　実は、ここでは教育内容そのものに関する分析はあえて行っていません。ひとつは、職員がそこまで踏み込んで議論できるような理解が進んでいないこと、講義に関しては、教員の裁量権が強く、教員間での情報共有が進んでいないためです。しかし、学生からの授業評価や授業アンケートなどの結果から課題については、ある程度把握できていました。なにより、世界的な潮流として、教育の質保証をせざるをえないことは明らかでした。

　さらに、同じ事項でも見方によって強みにも、弱みにもなります。ある人は工科系大学であることを強みに挙げています。教職員のベクトルがそろいやすいことが利点です。学部間対立もありません。一方、工科系の単科大学であることを弱みに挙げるひともいます。総合大学に比べると、多様性に欠けるからです。学長としては、強みのほうを強調し、それを進化させる方向へ大学を導く必要があります。

表 6-2　SWOT 分析結果

Strength　　就職率が高い　　入学志願者数が多い　　人気のある看板学科がある　卒業生の評価が高い　教員に企業経験者が多い　　研究熱心な若手教員の増加　日本初 MOT 導入　　女性職員が多い　国際化に前向きである　　まじめな学生が多い　工科系大学である　　首都圏に位置する大学である　　附設の中高がある

Weakness　　　授業料が高い　　高校教員かの評価が低い　全国型大学ではない　キャンパスが分散　　教員負荷の増大　　女性ならびに外国人教員数が少ない　MOT の定員割れ　　学部構成の偏差　グローバル化が進んでいない　留学生が少ない　大学院進学率が低い　研究環境が整備されていない　単科系大学である

Opportunities　　社会の大学に対する期待増大　　日本社会の急速なグローバル化　高等教育の重要性　　生涯学習社会への展開大学間競争激化による改革機運　大学情報公表の義務化　科学技術立国への期待　　理科系志望者の増大　産業界との連携強化　他大学との連携強化　　省庁（文科省、経産省）との連携強化

Threats　　社会からの大学に対する批判　　少子化による受験者人口の減少　国家財政破綻による補助金の減少　　グローバル化による国際競争激化　若者の希望喪失　科学技術への信頼低下　私立大学の急激な増加　専門学校の台頭　国立大学、高専の攻勢　　競合大学の新キャンパス造成　　大学の広報競争の激化

　芝浦工大では、SWOT 分析結果をもとに、90 周年に向けた大学戦略として、SIT90 作戦を策定しました。さらに、それを敷衍するかたちで、第 1 章でも紹介した 100 周年に向けた行動計画である Centennial SIT Action を教職協働で策定したのです。

　教員と職員の協働による SWOT 分析を通していろいろなことが分かりました。分析結果には入っていませんが、私が大学の弱みのひとつとして挙げたいのは評論家の存在です。「上から目線」と言ったらよいかもしれません。教員にも職員にも居ます。「芝浦工大には強みはなにもない。それが逆にいいのだ」などと言い出すひとや「どうせ、こんな分析をしても、うちの大学は変わらない」と否定的なことを言うひともいたようです。大学が何か新しいことに挑戦しようとしても「それはできない」「前例がない」「ひとがいない」「やっても無駄」と、最初から否定する人たちがいます。もちろん、こうい

う人たちも変わる可能性はありますが、教職協働チームからは外れてもらいました。

その後、2012 年に学長になって、教職協働推進を宣言したとき、教員と職員にふたつのお願いをしました。ひとつは、"culture of evidence"です。何かを議論するときに、必ず数値データをもとに議論することが必要です。教授会でもそうでしたが、自分の思い込みで議論を進めようとするひとが多いのです。根拠となるデータを用意し、それを前提として議論することが大切です。出発点が異なるのでは、建設的な話し合いはできません。

もうひとつは、"creative thinking"です。先ほどの評論家ではないですが、最初からできないと決めつけてしまうのは止めましょうという提案です。できない理由を挙げるのではなく、「どうすればできるか」を考えてくださいというお願いでした。この二点は、組織運営にとって、とても重要であると考えています。

6.3. 教育改革プログラムへの挑戦

文部科学省では、教育の質向上に向けた大学教育改革の取組を選定し、財政的なサポートや幅広い情報提供を行い、各大学などでの教育改革の取組を促進するため、「特色ある大学教育支援プログラム（特色 GP）」、「現代的教育ニーズ取組支援プログラム（現代 GP）」及び「質の高い大学教育推進プログラム（教育 GP）」を実施しています。

大学は、教職協働で取り組むべきプロジェクトとして、これら GP 事業の獲得が挙げられます。教員と職員では、視点が異なることも多く、職員から面白いアイデアが寄せられることも多いのです。また、職員には、他大とのネットワークを形成しているひとも多くいます。例えば、大学行政管理学会という職員を中心とした学会があります。このメンバーは、他大の職員との交流も活発で、大変、有用な情報をもってきてくれることがあります。そして、教員と職員の多彩なメンバーが混じり合うことで、魅力ある提案書をつ

くり上げることができるのです。まさにダイバーシティーです。

　すでに紹介したように、2000 年以降、世界的な教育改革が叫ばれるようになりました。日本でも小泉政権による「聖域なき改革」により国立大学にメスが入り、2003 年に独立法人化が実施されました。その後、民主党政権を経て、ふたたび自民党政権になりましたが、大学改革の大きな流れは変わることはありませんでした。

　民主党政権では、野田佳彦総理大臣が議長となった国家戦略会議が、2012年に「次世代の育成と活躍できる社会の形成に向けて」と題した大学の統廃合等の促進を含む高等教育の抜本改革を打ち出しました。その骨子は

1　特色ある研究教育を行う国立大学法人への運営費交付金の抜本的にメリハリをつけた配分
2　私学助成の配分方法について、第三者評価結果の活用等により抜本的にメリハリある配分
3　運営費交付金や私学助成に加え、優れた取組みに対するファンディング等も活用しながら、統廃合等の促進を含む改革を進める

　ここでは、「メリハリのある配分」と「大学の統廃合」がキーワードです。これにより私学助成にも競争原理が導入されることになりました。私立大学等経常費補助は、かつては学生数などの大学の規模で決まっていました。これを一般補助と呼んでいます。しかし、私立大学にも競争原理を導入するため、特別補助と呼ばれる大学の施策に応じた補助金が導入されたのです。いわば、改革に積極的な私立大学を国が支援するというものです。逆に言えば、改革しなければ、大学は生き残れないことになります。教職協働は必至なのです。

　安倍政権下においても、教育実行再生会議が組織され、高等教育に対して、いろいろな提言が行われています。例えば、2013 年には「これからの大学教育等の在り方について」と題して、つぎのような提言がなされました。

1　グローバル化に対応した教育環境づくり
　　徹底した国際化を断行し、世界に伍して競う大学環境
　　日本人留学生 12 万人、外国人留学生 30 万人
2　イノベーション創出のための教育研究環境づくり
3　学生を鍛え上げ、社会に送り出す教育機能強化
4　社会人の学び直し機能の強化
5　大学のガバナンス改革、財政基盤の確立により経営基盤を強化

　提言では「社会総がかりでの大学機能強化」も謳われています。つまり、産業界も大学運営に大いに口を出すということです。

　かつての芝浦工大では、このような競争的資金に挑戦しても提案はなかなか通らないだろうというあきらめムードがありました。ただし、挑戦しなければ何も得られません。2007 年に、私は工学研究科長を務めていましたので、大学院事務課の仲間と一緒に、「組織的な大学院教育改革推進プログラム」に挑戦することにしたのです。ここでは、博士課程の学生にシグマ型統合能力人材に育成するためのプログラムを申請しました[2]。実は、力強い味方がいました。MOT の吉久保誠一教授から、TOTO で専務時代の部下の中山千秋先生を紹介いただき協力をお願いしたのです。そして、見事、教職協働で予算を獲得することができたのです。

　このときの大学院には家族的な雰囲気があり、教員と職員が懇親会などを通して、密なコミュニケーションがとれていたことも大きかったと思います。

　写真 6-1 は、大学院の専攻主任を務めていた先生の送別会を大学院事務課が企画し、多くの教職員が参加したときの写真です。みんな楽しそうで、和気あいあいとした雰囲気が伝わってくるのではないでしょうか。教職協働には、日頃の課外のコミュニケーションも大切です。

2　シグマ型統合能力人材ついては、柘植綾夫監修「イノベーター日本―国創りに結実する科学技術戦略」オーム社 (2006) にまとめられています

写真6-1　大学院事務課職員と教員の懇親会

6.4. 教育GP獲得件数日本一

　大学院教育GPでの成功をきっかけに、芝浦工大も、教職協働による外部の競争的資金の獲得に積極的になりました。私も2008年から副学長になり、柘植学長のバックアップもあって、信頼できる事務職員とともに、教職協働による挑戦を開始したのです。そして、2012年に学長になったときには、教職協働の土台がしっかりと出来ていました。

　まず、教員と職員の日々のコミュニケーションがうまく取れていること。これが前提となります。また、情報の共有も重要です。なにか問題が生じたときには、隠さずに問題を共有して、ともに解決にあたること、これも重要です。問題をひとりで抱えていたのでは、気づいたときには手遅れということもあるのです。実は、かつて、ある教員が自分の失敗を職員に押し被せたことがあると聞きました。なかなか難しい教員であったため、当時の学長を含めた執行部の誰も職員の味方にはなってくれなかったと聞きました。本当にひどい話です。これでは、教職協働などできません。

　互いを信頼できること、そして、「このひとならば問題を共有できる」と思える仲間となることも大切ではないでしょうか。芝浦工大では、この教員

と職員の信頼関係が醸成されつつあったと思います。

　ここで、**表6-3**に、芝浦工大が、教職協働で獲得した競争的資金のリストを示します。当初は、獲得できた資金はほとんどありませんでしたが、教員と職員の協働関係がうまくいくにつれて、多くの予算が獲得できるようになりました。協力してくれる仲間も増えていきました。

　競争的資金獲得の成功は、教職協働に勇気を与えてくれますし、獲得した予算も有効に使うことができます。その結果、大学改革が大きく進みました。AP事業のおかげで、LMSの整備や学生用の電子ポートフォリオの構築ができたのです。また、COC事業では、学生参加型の地域の自治体や企業との共同研究が進みました。

　さらに、その構想段階から教職が協働する仲間なので、それを実行する際にも、自然と教職協働が進みます。「こんな予算がとれたら、こんな事ができる」と夢も膨らみ、つぎの挑戦にも意欲が湧くのです。

　私立大学では、新しいことをやろうとしても、学内予算がつくことはなかなかありません。学生の納入金が経常収入の7-8割を占めるため、現在の教育をできるだけ維持し、すべての学生に平等なサービスを提供することが必須だからです。

　このように教職協働プロジェクトの成功例が増えるにつれて、大学が活性

表6-3　教職協働で獲得した教育GPの例

プログラム名称	採択年度	支援期間
スーパーグローバル大学創成支援	2014年度	10年間
大学教育再生加速プログラム（AP事業）	2014年度	5年間
産業界のニーズに対応した教育改善・充実体制整備事業	2014年度	2年間
科学技術人材育成	2013年度	3年間
地（知）の拠点整備事業　（大学COC事業）	2013年度	5年間
大学改革推進（産業界のニーズに対応した教育改善）	2012年度	3年間
グローバル人材育成推進事業	2012年度	5年間
地域イノベーション戦略支援プログラム	2011年度	5年間

化することが実感できました。そして、それが、さらなる正の相互作用を生み、プラスの循環を生みます。教職員のベクトルが同じ方向を向けば、しめたものです。さらに、新しい競争的資金の情報があれば、職員が積極的にそれを集め、大学に寄せてくれるようにもなりました。本来、競争的資金の獲得という作業は、通常業務ではなく余計な仕事なはずです。それにもかかわらず、それに積極的に関与しようという教職員が増えていったのです。

この結果、芝浦工大は、競争的資金がまったく獲れない大学から、日本でいちばん獲得件数の多い大学になりました。**表 6-4** は、第 1 章でも紹介した 2015 年に文部科学省の教育改革に関する競争的資金の獲得件数の私立大学における順位です。ただし、ここでは上位 10 傑を示しています。

この結果が発表されたときには、大変驚きました。この表に名を連ねている大学は、すべて芝浦工大が目標としてきた大学だからです。共愛学園前橋国際大学は、奇跡の復活をしたことで有名です。立命館アジア太平洋大学

表 6-4　文部科学省の教育改革競争的資金獲得件数

順位	大学名	件数
1	**芝浦工業大学**	10
2	早稲田大学	9
2	金沢工業大学	9
4	上智大学	8
5	明治大学	7
5	立命館大学	7
5	関西学院大学	7
5	福岡工業大学	7
9	共愛学園前橋国際大学	6
9	杏林大学	6
9	慶応大学	6
9	京都外国語大学	6
9	京都産業大学	6
9	立命館アジア太平洋大学	6

（2015 年度、毎日新聞調べ）

表 6-5　2016 年ならびに 2017 年の文科省の教育改革のための競争的資金の獲得件数

私立大学トップ 10

2016 年

順位	大学名	件数
1	**芝浦工業大学**	9
2	金沢工業大学	8
3	上智大学	7
3	関西学院大学	7
5	共愛学園前橋国際大学	6
5	創価大学	6
5	早稲田大学	6
5	京都外国語大学	6
5	京都産業大学	6
5	福岡工業大学	6
5	西九州大学	6

2017 年

順位	大学名	件数
1	**芝浦工業大学**	9
2	金沢工業大学	8
3	福岡工業大学	7
3	上智大学	7
3	関西学院大学	7
6	共愛学園前橋国際大学	6
6	創価大学	6
6	東京電機大学	6
6	早稲田大学	6
6	京都外国語大学	6
6	関西大学	6

（毎日新聞）

は、日本におけるグローバル大学の見本です。何度も、その大学運営を参考にさせていただきました。これら大学改革を積極的に進めている錚々たるメンバーを抑えて芝浦工大は一位となったのです。この結果には、多くの教職員が勇気をもらったようです。一度、自信がつくと、ひとは大きく変わります。教員も職員も「やればできる」という前向きな気持ちになったと思います。そのうえで、自分たちが進んできた改革路線が間違っていなかったことも確認できたのです。その後、**表6-5** に掲げたように、芝浦工大は 2016 年、2017 年も獲得件数 1 位を記録しています。

　これ以降も、信頼できる仲間が一緒になって教職協働による競争的資金の獲得に挑戦し、芝浦工大は快進撃を続けることになります。

6.5. 私立大学等改革総合支援事業

　教職協働の実例として、私立大学等改革総合支援事業への取組みについて

紹介したいと思います。この事業は、2013 年に私学助成の「メリハリある配分」
を強化するために設けられたものです。改革を推進する大学を支援するとい
う基本方針の反映です。

　選定されるのはタイプ 1 の「大学教育質転換型」が 250 大学、タイプ 2 の
「地域特色型」が 150 大学、タイプ 3 の「多様な連携型」が 100 大学程度となっ
ています。対象となる私学は短大や高専も含めると総数が 920 程度ですので、
かなり狭い門です。

　この事業には、いままでにない特徴があります。通常の場合、事業の目的
に沿って申請書を作成し、それを審査員が評価して書面審査ならびに面接審
査を経て採択を決定していました。しかし、この事業では、それぞれのタイ
プごとに、項目が設定され、ルーブリックにしたがった点数が付されていま
す。条件をすべて満足していれば満点が得られます。そして、総合点で大学
の順位がつけられ、その上位大学が採択されるという仕組みです。

　私は、この方式は画期的であると思いました。まず、通常の選定では、審
査員の個人差が結果に影響を与えます。しかも、事業の目的を理解していな
い審査員も散見されます。審査員も忙しいので、すべてに目を通すことはで
きないからです。科研費の審査においてもレビューアーの質の問題は常に指
摘されています。

　一方、ルーブリックによる点数方式ならば、申請大学は、自分たちの点数
が分かります。採否の点数が公開されますので、どこを改善すれば、次年度
に採択されるかが分かるのです。結果として、PDCA（plan-do-check-act）サイ
クル展開が可能となり、大学改革にも利用できます。

　さらに、採択された場合の補助金の使い道が限定されないことも、この事
業の魅力です。通常の事業では、予算の使用が限定されます。どこまでの範
囲で使用可能かも、担当者によって考えが変わることがあります。使い道の
自由な補助金は、大学にとってはありがたいのです。

　ただし、初年度は様子が分からないので、要求項目を満足するように努力
するしかありませんでした。不安もありましたが、芝浦工大は、タイプ 1 か

ら3まで、すべてに採択されました。ちなみに、2013年度に全タイプで採択された大学は以下の通りです。

2013年に全タイプに採択された大学

　亜細亜大学、聖学院大学、東京電機大学、星薬科大学、武蔵野大学、**芝浦工業大学**、金沢工業大学、福井工業大学、大阪工業大学、岡山商科大学、東北福祉大学、仙台大学、国際医療福祉大学、共愛学園前橋国際大学、埼玉医科大学、椙山女学園大学、羽衣国際大学、関西国際大学、広島女学院大学、名古屋商科大学

　かなりの大学が採択されています。仲間の工業大学もかなり入っています。ただし、2014年ならびに2015年の同事業では、全タイプに採択される大学の数は減っていきます。

2014年

　青森中央学院大学、仙台大学、国際医療福祉大学、明海大学、**芝浦工業大学**、女子美術大学、金沢工業大学、福岡工業大学

2015年

　国際医療福祉大学、明海大学、**芝浦工業大学**、金沢工業大学、長崎国際大学

　幸いにして、芝浦工大は、3年連続して全タイプに採択されました。実は、その後も2020年に至るまで、全タイプに採択されています。

　ここで、2016年度を例にして、芝浦工大の取組を紹介します。この年の補助は以下のようになります。

1. 私立大学等経常費補助

　一般補助「教育研究経常費」(教員経費・学生経費)に10%程度を増額

　特別補助「私立大学等改革総合支援事業調査票」の点数に応じ一定額を増額

※他の競争的資金とは異なり、個別の使途指定がない

2.　私立大学等教育研究活性化設備整備事業 (10/10 補助以内) 1,500 万円

本事業の主旨に該当する設備整備事業に、必要な設備費を交付

※申請は全タイプを通じ、1 大学につき 1 件に限る

3.　私立大学等教育研究施設整備費補助 (1/2 補助以内) 1,500 万円

本事業の主旨に該当する施設・装置の整備事業に、必要な施設・装置の整備費を交付

①教育研究施設、②教育・研究装置、ICT 関連

※申請は全タイプを通じ、1 大学につき教育研究施設、教育・研究装置、ICT 活用推進事業のうちから 1 件に限る

2016 年はつぎの 4 タイプで募集が行われました。

1.　教育の質的転換 (200 校程度の採択)

2.　産業界との連携 (同 50 校程度)

3.　他大学等との広域・分野連携 (同 50 校程度)

4.　グローバル化 (同 50 校程度)

それぞれの領域で、設問が設けられ、ルーブリックに対応した点数と要求条件が付されます。例えば、1 の教育の質転換における設問を紹介すると、以下のものがあります。

---

②シラバスの作成要領等により、以下の内容をシラバスに明記することを全教員に求めていますか

　ア　準備学修（予習・復習等）の具体的な内容及びそれに必要な時間

　イ　授業における学修の到達目標及び成績評価の方法・基準

　ウ　卒業認定・学位授与の方針と当該科目の関連

　エ　課題（試験やレポート等）に対するフィードバックを行うこと

　1　全て求めている　　　　5 点

　2　3 つ求めている　　　　3 点

3　上記以外　　　　　　　0点

> 要件
> シラバスの作成要領等にアからエを明記することを全教員に求めている記述が根拠資料としてあるか。全教員とは、専任・非専任を問わない。

なかなか厳しい要件が付されています。この年の芝浦工大は 2 に該当し、点数は 3 点しかとれませんでした。なぜならば、全教員に徹底されていない項目があったためです。さらに、非常勤講師の先生方全員にも徹底できていませんでした。満点の 5 をとるためには、全学部に対し、上記の条件を満足するようにお願いしなければなりません。これが PDCA サイクル展開になります。さらに、次の設問も厳しい内容です。

> ⑥担当教員以外の第三者が、シラバスの記載内容が適正であるかという観点からチェックしているか

1　全学部等・研究科かつ全学年で実施している　　　　　5点

2　一部の学部等・研究科または一部の学年のみで実施している 3点

3　実施していない　　　　　　　　　　　　　　　　　0点

> 要件
> 平成 28 年度 (2016 年) に使用するシラバスについて実施していること。
> 「チェック」とは、単なる編集上のチェック (必要事項の記載の有無のみ等) では該当しない。
> 当該学部及び研究科のカリキュラム方針に基づき、組織として命じられた者が行なうチェックであり、記載内容の改善等を担当教員へ要望することまでを要する

この項目も、芝浦工大が該当するのは 2 で、3 点しかとれませんでした。シラバスチェックはしていましたが、その担当者が、組織として命じられた

者であることをエビデンスとして示せない部署があったためです。そこで、次年度からは、この要求を満足するように、大学として対応が迫られます。これが大学改革につながるのです。ちなみに、2016 年以降に、全タイプに採択された大学のリストを次に示します。

2016 年
　東北福祉大学、国際医療福祉大学、東京都市大学、武蔵野大学、多摩大学、**芝浦工業大学**、金沢工業大学、福岡工業大

2017 年
　国際医療福祉大学、東京都市大学、**芝浦工業大学**、岡山商科大学、福岡工業大学

2018 年
　東京都市大学、**芝浦工業大学**、東洋大学、福岡工業大学

2019 年
　芝浦工業大学、東京電機大学、金沢工業大学、藤田医科大学、大阪医科大学、関西大学、福岡工業大学

　芝浦工大は、この事業の開始から全タイプに採択されていますが、まさに教職協働の成果なのです。この結果、芝浦工大は私学補助において、自由に使える補助金を得ています。**表 6-6** に 2015 年から 2019 年までの増額分を示します。

　5 年間で 8 億円に達します。これら増額分は教学改革に有効利用できるのです。

　この事業においては、まず、学事部長ならびに大学企画室が中心となって、大学として、何ができていて何ができていないかを整理します。そのうえで、できていない項目については、教授会で開示し、学部、学科、ならびに大学院に対して是正を促します。教員は忙しいので、職員が分かりやすく、「ここを変えてください」という具体的な指示を出すのです。この内容を学長が

128

表6-6　私立大学等改革総合支援事業で芝浦工大が獲得した補助金の増額

	2015年	2016年	2017年	2018年	2019年
一般補助増額	9038万円	9902万円	9998万円	9631万円	1億1100万円
特別補助額	4600万円	4268万円	7550万円	8090万円	6100万円
合計増額	1億3638万円	1億4170万円	1億7548万円	1億7721万円	1億7200万円

　確認し、学部長、研究科長と担当事務課と情報を共有したうえで、具体的な対応をお願いします。これを大学会議などで共有し、どのような対策をとったかを報告してもらいます。不十分な場合には、さらなる対応を求めます。学部、研究科にも事務部門がありますので、職員間での横連携はとれており、大学全体での対応が可能となります。

　こういう話をすると、芝浦工大では、大学全体が一体となって、すべてうまく行っているように聞こえるかもしれませんが、もちろん、反対する教員や職員も居ます。教授会で年配の教員が「こんな端金で文科省の言いなりになるのはおかしい」と反対意見を述べたそうです。これに対し、若手教員から「これは、大学として必要な改革。これができていないために、うちの学部が大学の足を引っ張っている。それはおかしいのではないか」と反論してくれたそうです。

　シラバスに関しても、職員が教育に口を出すのは許せないなどの意見も出たそうです。しかし、シラバスは教員と学生との間の約束です。それが曖昧だったり、不明確では、意味がありません。第三者の話を聞いて是正するのは当たり前という意見が大勢を占めたと聞きます。

　そういえば、「大学のブランド力を上げる」と私が宣言したときに、本学はレベルを上げるべきではないと反対する職員がいました。「下手に偏差値が上がると志願者が減る。それよりも、学費を200万円くらいにすれば大学は儲かる。偏差値は下がるが、うちのレベルならば、それでも入ってくる学生はいる」というのです。どうでしょうか。一理はあります。一時は収入

が増えるかも知れません。しかし、これでは、夢も希望もありません。また、長い目で見れば、優秀な学生が来なくなり、優秀な教員もいなくなり、大学は衰退するしかありません。

　組織に所属する人材の分布は、2: 6: 2 と言われます。これは、いわゆる正規分布です。前向きな人間は 2 割、後ろ向きの人間も 2 割います[3]。残りの 6 割は中間層です。しかし、大学として、この 6 割の人たちが前向きになってくれれば、大きな原動力となります。いまの芝浦工大は、8 割の構成員が前向きと自負しています。

　ここで、少し私立大学等改革総合支援事業について私見を述べたいと思います。この事業では、ルーブリックと要求事項を明確化するなど画期的な評価手法を導入したという点を高く評価しています。また、設定されている要求内容も、大学として改革すべき事項となっていますので、この事業をうまく利用すれば大学改革を進めることもできます。

　ただし、問題もあるのです。それは、毎年のようにタイプや設問内容が変わっていくことです。評価基準がいきなり厳しくなっていることもありました。これでは、PDCA サイクル展開ができません。今年、要求を満たしていない点を、次年度には是正しようと努力しても、基準が変わったのでは無意味となってしまいます。これは、本学だけではなく、多くの大学が戸惑った点であるようです。毎年の見直しは、ある程度必要ですが、それが大幅に変化したのでは、大学としての対応ができないのです。これでは、とても対応できないと私立大学等改革総合支援事業への参加そのものをあきらめた大学もあると聞いています。

　数多くの国主導のプロジェクトに関わった経験からすると、文科省の対応も分からないではありません。大型予算は、財務省から厳しく査定されます。前年度と変わらない内容では減額されてしまうのです。財務省からは、これだけ多くの大学が採択される事業は、ばらまきではないかとも指摘されるよ

3　2 : 6 : 2 に入る人たちは固定されているわけではありません。パレートの法則によれば、上位 2 割がいなくなれば、それを担う人材が残り 8 割から現れると言われています。

うです。しかし、対象は私立の大学、短大併せて 920 もあるのです。決して、ばらまきではありませんし、大学改革を促す効果のある事業です。一方、政治家からも横やりが入ります。いわく、自分の選挙区の大学が一校も採択されていないのはけしからんというお叱りです。国の予算は本当に大変です。

　文科省の依頼を受けて、財務省の担当者に大学見学と、事業の効果について説明する機会がありました。見学の際に、偶然にも学生と面談する機会もあったのですが、大変、驚いていました。自分が大学に居た頃と、いまの大学はまったく違う、教育体制がしっかりしているのに驚いたというのです。その場では、事業の重要性を認識してくれました。ただし、担当者も、毎年のように替わっていきます。

　私は、文科省の予算申請は、大変だろうなと思います。経産省なら企業がメインですし、農水省ならば農業や水産業が対象です。官僚のみなさんは企業経験もないし、農業経験もないでしょう。ところが、こと教育に関しては、全員が経験者なのです。しかも、ひとによって経験は大きく異なります。入試で失敗した経験があればなおさらです。つい、みんなが口を出したくなるのです。

　本質的には、改革総合支援事業の在り方や意義は十分あります。また、貴重な国の予算でもあります。多くの大学がこの事業を利用して、本来の大学改革を進められるようになることを祈っています。

6.6. 教職協働から教職学協働へ

　私が、最近、よく強調しているのが教職学協働の推進です[4]。本学では、教職協働は当たり前となりました[5]。そのうえで、大学改革に学生も加わって欲しいという意図の表明です。以前から、教員の授業を手伝うことで収入を得

4　吉川倫子「大学改革－教職協働から教職学協働へ」私学経営　No. 525（2018）pp. 22-33.
5　ただし、油断すると元に戻る可能性もあります。教員も職員も普段の仕事に追われて何かと忙しいからです。

る TA（teaching assistant）制度や、研究のサポートをすることで給与を得る RA（research assistant）制度などはありました。TA は修士学生、RA は博士学生が主な対象です。

　ただし、本格的な教職学協働は、2008 年に獲得した競争的資金である「組織的な大学院教育改革推進プログラム」における活動が嚆矢です。本学の提案は、柘植先生の「シグマ型統合能力人材の育成」でした。

　当時、博士人材を日本社会が有効活用できていないということが問題となっていました。博士号を取得しても就職できない、あるいは、ポスドクという短期の不安定な職種にしか就職できないという問題があったのです。企業への就職者が欧米に比べて極端に少ないこともあります。一方、企業側からは、博士修了者は、専門知識は豊富であるが、社会で活躍するための汎用力が不足しているという指摘もありました。

　もともと、博士課程に進学する学生は、学問を究めたいという意欲的な人材が多いはずです。また、研究室において、多忙な教員のアシスタントとして後輩を指導するという貴重な経験をしています。さらに、博士論文の執筆にあたっては、学会発表や、査読付論文にまとめて投稿する必要があるため、論理的思考力とプレゼンテーション能力にも優れています。国際会議でも発表するので、英語もかなりのレベルに達しています。日本社会としても、このような人材を活用できないのは大きな損失です。

　一方で、産業界で活躍するためには、自分の狭い専門分野に固執せずに、柔軟な対応ができることも求められます。日本においては、博士を目指す学生は、どうしても研究室に閉じこもりがちですし、主な相談相手は、指導教員だけということも珍しくありません。

　そこで、博士課程の学生を LF（learning facilitator）として雇用し、広い視野にたって大学改革への提言と積極的な関与を求めたのです[6]。博士課程に進学する日本人学生は、年に 12 人程度です。この中から希望者を募りました。指

6　LF 制については、村上雅人、中山千秋、吉川倫子、渡部英二「シグマ型統合能力人材育成プログラム」工学教育 59-5（2011）pp. 97-102　を参照ください

導教員には、研究室の仕事だけをして欲しいと考えているものも多いのですが、LFになれば月14万円程度の給与が出ます。しぶしぶ承諾したというケースもあったようです。

　LFには、自主的な活動とともに、月1回のミーティングを課しました。冒頭に、私からシグマ統合能力人材の育成の重要性と、LF制度導入の意義について説明しました。また、懇親の場にも参加しました。

　彼らと話して驚いたのは、博士学生は結構孤独だということです。同級生はほとんどまわりにはいません。また、大学の教員志望者が多かったのですが、一度、大学の外に出たら教員にはなれないと勘違いしている学生も多かったのです。私は、博士課程を出た後、企業に就職し、半官半民の研究所を経て、大学教授になりました。その経験なども紹介しながら、キャリア形成の話などもしました。そして、グローバルや社会との接点の大切さも話しました。

　そのうえで、「みんなは学部学生の経験があるから、大学のことをよく知っている。ぜひ、大学を良くするための提言をして欲しい」とお願いしました。このとき、「ここがダメ」という指摘ではなく「どうすれば、それが改善できるか」という提言をしてほしいということも伝えました。対案のない反対意見は、単なる不満で終わります。

　LF制度は、学生が大学改革に関わる第一歩として成功だったと思います。第1期生は特に頑張ってくれました。まず、大学内に仲間ができたことが嬉しかったようです。下級生を指導する立場になって、先生たちの苦労がはじめて分かったという博士学生も居ました。

　下級生からの意見も聴取してくれて、上級生としての指導もしていたようです。例えば、学生から「エレベーターの数が足りない。増やして欲しい」という要求があったときには、「1階上や、2階下に行くときにも、エレベータを使っていませんか。そんなときは、階段を使いましょう。みなさんのちょっとした心がけで混雑は緩和できます」と諭してくれました。いまからエレベータの増設など無理です。それならば、自分たちでなんらかの対応策を出す。この姿勢が大切なのです。

図 6-3　LF がまとめて後輩に配ったパンフレット

　そして、嬉しかったことは、企業に就職した博士学生も多かったことです。自分のキャリア形成を、広い視野から見つめることができたのではないでしょうか。担当教員として、TOTO という企業出身の中山千秋先生が指導にあたってくれたのも大きかったと思います。

　また、LF の調査によって、研究室によって指導体制に大きな差があることも分かりました。それが、学生間では共有されていません。確かに、他の研究室の内情などよく分かりません。それを冊子にまとめて、研究室でうまく過ごすための Tips としてまとめてくれました（**図 6-3**）。

　LF 活動は 2008 年の発足から、今も続いています。最近は、留学生も加わり、大学のグローバル化などへの建設的な提言も行ってくれています。また、博士学生のキャリア形成にも役立っています。

6.7. スチューデントジョブ制度

　研修を受けた学生が授業を観察し、学生の視点に立った客観的な提言を教員に供することで、教員の授業改善や向上に役立てる SCOT（Students Consulting on Teaching）制度[7]があります。教員は、SCOT 生との面談を通して自らの授業をより良くするためのヒントを得ることができます。SCOT 生は、大学の学びに対する意識が向上し、教職員と交流する中で社会性やコミュニケーション力が磨かれ、芝浦工業大学への帰属意識が高まります。

　SCOT 生になるためには、8 時間の研修に加えて、課題発表と最低 2 回の実地研修を受けることが必須であり、これら研修を終えた後、申請をして審査を受け、登録申請を承認された学生が SCOT 生として活動することができるのです。かなり厳しい制度です。

　SCOT 生を利用するかどうかは、教員の判断にゆだねています。ただし、本制度を利用した教員からは「教員相互授業参観では得られないものがある。教員の目線・動き・学生の当て方等、学生の視点からのアドバイスは直ぐに授業に反映させることができた。今まで目が届かなかったところに目が行くようになり、話が学生に届くような『奥に広まった』感がある」等の肯定的なコメントが届きます。この結果、SCOT 制度を利用する教員数は増えています。

　また、SCOT 生からは、「授業観察はいつも新鮮でした。ある講義では私が学んだ方法とは違うアプローチに驚かされ、学んだことのない講義では初めて見る授業運営に驚きました。そこから得られる感動は忘れないようにしています」や、就職活動を終えた女子学生からは「SCOT 活動を通して、社会人としてのコミュニケーション能力を高めることができました。就活では、それが認められたと考えています」等のコメントがありました。

　2014 年度のスーパーグローバル大学採択を契機として、2016 年に本学は GSS（Global Students Staff）制度を導入しました。GSS 制度は、グローバル化推

　7　SCOT はアメリカのブリガムヤング大学とユタバレー大学の取組みを参考に、土持ゲーリー法一先生が帝京大学に導入したものです。

進に関わる業務や、留学生のサポートをする学生スタッフ制度のことです。日本人学生だけでなく留学生の加入も促すことで、後輩の留学生への適切なアドバイスや国際交流イベントでの手厚い対応を目指しています。現在約160名の学生がGSSとして登録していますが、海外留学生は80名近くに及びます。

　この他、国際学生寮（留学生と日本人学生が共に生活）、東大宮学生寮（男子寮）にはRA（Resident Adviser）として大学院生が常駐し、それぞれの寮の運営や寮生に対する支援補助を行っています。

　また、第5章ダイバーシティーでも紹介しましたが、妊娠出産・育児・介護等のライフイベントにより研究のための時間が制約される研究者の研究時間を確保し、育児や介護と研究の両立、研究の水準の維持をはかるために、希望する教員に男女共同参画研究支援員として大学院生を配置する制度があります。教員自身の教育研究支援に有効な制度ですが、支援員として配置された学生も、教員のライフイベントに接することで、自らも大きく成長します。

　このように本学の大学改革には、学生を活用した教育研究・学修のPDCAサイクルを回す仕組みがあり、多様な学生参加型制度を利用して教職学協働を推進しているのです。

6.8. 職学協働[8]

　大学では、教員と学生は、授業や研究室活動で、直接話をする機会がたくさんあります。しかし、学生は窓口対応などは別として職員と直接交流する機会はあまりないのです。そこで、本学では職員と学生だけで行なう職学協働の研修を実施しています。

　学修成果の質保証を推進するには、当事者である学生が主体的に学ぶこと

8　吉川倫子「教職協働から教職学協働による大学改革」大学職員論叢、第8号（2020）pp. 25-30.

が重要です。また、職員も仕事の指示待ちでなく一人ひとりが主体的（一人称で責任を持って仕事をすること）に取り組むことが求められます。そこで、学生や職員が自らの主体性を培うために「リーダーシップ研修」を2014年から毎年実施しています。

職員と学生が一緒に研修を受け、互いの意見を交換する場は、普段の大学業務ではほとんどありません。この研修を通して、学生からは「普段はあまり話のできない職員の方と、一緒に議論できて本当に良かった。みなさんが大学のことを真剣に考えていることが分かりました」と前向きなコメントが得られました。また、職員からも「改めて本学の学生が優秀だということが分かりました」という声が聞かれました。教職協働と同様に、職学協働の基本はコミュニケーションということが良く分かります。

6.9. 教職学協働による SIT-bot の開発

ある講演会で一緒に講師として参加したボストンコンサルティンググループ（BCG）の丹羽恵久パートナーから、芝浦工大の大学改革に協力したいという申し出がありました。そこで、私が提案したのが人工知能（AI: artificial intelligence）を搭載したチャットボット（chat bot）の開発です。新入生を迎える毎年4月には学生課の窓口に1日約800名の学生が列をなして質問しにきます。しかし、学生からの問い合わせは同じ内容が多いのです。それならば、AIが回答すれば職員の負担が大きく減るだろうという考えを前から持っていました。

最初は、BCGの担当者を学長補佐の長谷川忠大先生と上岡英史先生に紹介し、教育イノベーションセンターの鈴木洋次長や学術情報センターの職員の協力を得ながら開発を開始しました。そして、利用者である学生の目線からの提言が重要と考え、途中から学生を誘いました。学生たちは機能の提案、学生課職員とのやり取りによるQ＆Aの収集、デモ版の改良などの開発プロセスに一貫して関わってくれました。学生参加が成功の鍵を握っていたと

図6-4　教職学協働で開発したAIチャットボット

思います。

　参加した学生たちは、AIが機械学習する様子を目の当たりにして、自分
たちがチャットボットを育てているという感覚を味わったようです。この
ボットは、SIT-botと命名しました。参加した学生からは、「こうやって作っ
ていくんだ。楽しかった」という感想が寄せられ、完成後も引き続き「SIT-bot」
の管理を行ってくれています。そして、LINEを活用した学生支援ツールと
してデビューさせたのです（**図6-4**）。

　さらに、学習管理システム（LMS）と連携した授業外学修時間の登録機能、
SITポートフォリオのダッシュボードへのアクセス、ポータルサイトと連携
させることで、学生の利便性は飛躍的に向上しました。

　2019年4月にSIT-botを導入しましたが、職員の窓口対応件数も半減し、
職員の働き方改革にもつながっています。学生からも「今までわからないこ
とがあったらHPを見たり、学生課に聞いたりしていたけれど、探す手間が

かかったり順番待ちも長かった。チャットボットは LINE で聞くだけなので情報を探すのがとても楽で速いです」と好評を得ています。

6.10. 新しい風

欧米の大学には、学生が自主的な団体をつくって、大学に対して授業やカリキュラムに関して提言を行うことがあります。例えば、米国のペンシルベニア大学には、SCUE（Student Committee on Undergarduate Education）という学生団体があり、大学に対して定期的にカリキュラムの改善と見直しを訴えています。

個人的には、芝浦工大にも、このような組織ができればよいと思っていました。実は、2019 年に学生自治会が、学生アンケートを実施するとともに全学科のカリキュラムを自ら調査し、その改善に関する提言を行ってくれたのです。例えば、類似学科にもかかわらず、必修科目の種類に大きな差があるという指摘や、同一科目でも教員によって GPA 分布が大きく異なる点、語学教育に対する提言などです。200 ページに及ぶ白書であり、大学として参考とすべき内容が書かれていました。さっそく、学長室会議や教授会でも開示し、課題を整理し、今後の教育改革に反映させることにしました。学生は受け身ではなく、自らも大学改革に参加することが重要です。新しい風が吹いていると実感しました。

第7章　入学者選抜

　大学入学試験は、日本だけでなく、世界中の国で注目を集めています。これは、大学のレベルによって、その後の人生が決まってしまうと思われているからです。日本においても、確かに、そういう時代もありました。しかし、私は、いまは違うと思っています。どこの大学を卒業したかより、どんな力が身についているかが評価されます。そうでないと、企業は生き残れないからです。

7.1. 世界の大学受験

　韓国の大学共通試験である大学修能試験（スヌン）の際の大混乱は、日本でも、よく報道されます。試験に遅刻しそうになった高校生をパトカーが誘導したり、受験生のために、会社が休業するなど話題に事欠きません。しかし、韓国では一流大学に入ったからと言って安泰ではないのです。とても、就職が難しい状況です。ソウル大学の学生は、「サムスンやLG、現代など大企業への就職を視野に入れているが、もともと枠が少ないので競争が大変です」と言っていました。韓国では新卒学生が正社員になれるのは10人に多くて2人ではないかという指摘もあります。その他は、職を得たとしても、アルバイトや契約社員と言われているのです。厳しい状況です。そのため、大学においても、必死になって勉強する学生も多いのです。私が会ったソウル大

学の学生は、驚くほど英会話がよくできました[1]。

中国でも大学入試は国家の一大事です。高考と呼ばれる共通試験があり、受験生はなんと1000万人以上です。日本の50万人とは比べものになりません。しかも、日本の比ではない超競争社会です。国家重点大学と呼ばれる大学は88校しかありません。残り1200あまりの非国家重点大学とは天と地の差があります。そして、入る大学によって、明確に、その後の人生が決まってしまうのです[2]。

アメリカの大学は、入りやすく出にくいと日本では言われていますが、これも誤解があります。私の友人は、子供をハーバード大学に入れるために、小さい頃から勉強だけでなく、スポーツや音楽など、ありとあらゆる習い事をさせていました。家庭教師もつけます。有名大学に入るためには成績が優秀なのは当たり前で、その他の活動も重要だからと言っていました。日本以上の競争社会です。一方、レベルの高くない大学では、卒業は決して難しくありません。これは、学生の卒業率が低いと、大学の評判が落ちるからです。大学を卒業できないのでは、学費を払って子供を入学させたくないでしょう。当たり前のことです。

日本では受験地獄という言葉がよく使われます。しかし、世界においても、大学受験は大変な競争となっており、日本以上に厳しいところも多いのです。そして、それが人生に大きく影響を与えるのですから、大学入試は世界のどこでも注目を集めます。そして、常に非難にさらされます。誰から見ても公平公正な入試制度などないからです。

私は、日本の中堅以上の大学の教育はかなり充実していると思っています。

---

1 このソウル大学の学生に聞いたら、自分はサムスンを狙っている。まわりの優秀な人間は、英会話ができるのは当たり前なので、自分のセールスポイントにはならないということでした。裕福な家庭では、中学、高校から欧米のサマースクールに毎年子供を通わせているので、英語力がネイティブに近い学生も多いという話です。

2 そのため、海外に活路を見出そうとする中国人学生が多いのです。また、特権階級の家庭では、子供たちを中学高校から欧米の学校に留学させることも多く、中国ではなく、海外の優良大学に子供を通わせるケースもあります。

2000 年以降の世界的潮流である「高等教育の質保証」によって教育は体系化され、その内容も世界標準に則っています。ですので、大学に入って、しっかり勉強すれば、その後の人生は拓けると思います。さらに、偏差値の低い大学であっても、実は、優秀な先生はたくさんいます。そこで、四年間みっちり勉強し、資格などもとれば、将来は暗くありません。つまり、日本の大学であれば、大学に入って努力すれば力はつくのです[3]。一方、どんなに有名な大学に入っても、勉強を怠れば、実力はつきません。大学を出ればなんとかなるという時代ではないのです。

　とは言え、世の常として、親は子供にできるだけレベルの高い大学に入って欲しいと思うでしょう。学生たちも、できるだけ偏差値の高い大学に入りたいと思うのも当然です。よって、大学入試は高い関心事となるのです。

　一方で、大学にとって、いかに良い入学者を選抜するかはとても重要です。簡単に言えば、自大学を第一志望とする優秀な学生が来てくれることがもっとも望ましいことになります。そのための試験をすればよいのですが、こと入試に関しては、私立大学は、それほど単純ではないのです。

7.2. 定員管理

　大学には収容定員があります。学部、学科ごとに定員が決まっています。これは、校舎の大きさや教員数によって規定されています。ただし、私立大学としては、定員を超えて学生を入学させると収益が上がることから、定員よりも多い学生を入学させるのが定番でした。ただし、定員を大幅に超えると、教室に入らなくなったり、教育の質が保証できません。当然、限度というものがあります。教員としては、できるだけ定員に近いか、やや低めが良

3　例えば、手元に日本工学教育協会が発行している「工学教育」という雑誌があります。ここには、様々な工学教育に関する創意工夫が発表されています。偏差値が低い大学の先生の論文もありますが、内容は、いずれも素晴らしいものばかりです。日本の大学の教育レベルは高いと感心させられます。

いと考えています。一方、経営側は、限度ぎりぎりまで入学者を確保したいのが本音です。このため、芝浦工大では 1.05 から 1.2 倍の間ぐらいを狙っていました。

最近、文部科学省は、私立大学の定員管理を厳しくしようとしています。これは、教育の質保証という観点からも重要ですが、学生確保に苦労している地方の私立大学に配慮した施策でもあります。よって、大都市圏の私立大学には厳しい定員管理を求めています。また、東京都区内にある大学の定員増を 2018 年から 10 年間禁止にもしました。

実は、この定員管理は、私立大学にとって頭の痛いことなのです。東大や京大などの有力国立大学ならば、合格者がそのまま入学してくれます。よって、定員管理はそれほど難しくありません。しかし、一般の受験生は、多くの大学を受験します。有力な私立大学であっても、国立大学や他の有力私立大学など複数の大学を必ず掛け持ち受験する志願者がいます。このため、合格者のなかから、どの程度の学生が入学してくれるかは不確定なのです。例えば、100 人の定員があったとき、東大ならば、ほぼ 100 人の合格者で定員は埋まるでしょう。しかし、私立大学では、合格者数を 300 人出して定員がようやく埋まる場合もあれば、500 人の合格者を出しても、100 人の定員を満たさないこともあるのです。

多くの私立大学では、この問題に直面しています。芝浦工大の入試をみて驚いたのは、この歩留まり率を見事に予想していることでした。これは、統計をもとに実質合格者数を計算している結果なのですが、感心せざるを得ません。一方で、予想がはずれたらどうするのだろうと心配もしていましたが、実は、定員の 1.2 倍程度の合格者を出しても、問題とはならないのです。幅が 0.8 から 1.2 ならばなんとかなりそうです。ただし、私立大学では経営がありますので、定員割れは困ります。このため、芝浦工大は、定員の 1.05 から 1.2 倍に収まるようにしていました。

ただし、このような統計処理ができるのは、過去のデータの蓄積があるからです。新しい学部や学科ができたときの見積もりは、それほど簡単ではあ

りません。2008 年に事件が起きました。立命館大学が新設した生命科学部で定員の 1.48 倍の学生が入学したのです。新設の学部ですから、予想が難しかったのでしょう。当時は、定員が 1.4 倍を超えると補助金のカットがありましたので一大事です。私は、この話を聞いて、どの私立大学でも起こりうる事件だと肝を冷やしました。

　このため、私立大学では定員管理にいろいろな工夫をしています。まず、一般入試での合格者を絞ることです。第 1 章で偏差値の話をしました。推薦入試での合格者数を増やし、一般入試の枠を減らせば、合格者の最低点が上がるので、偏差値が上がるという話をしました。一方で、確実に入学してくれる志願者数が把握できる推薦入試は、定員管理にとっては大変ありがたい制度なのです。極端な例ですが、100 人の定員で、推薦枠を 80 としましょう。すると、一般入試枠は 20 となります。一般入試で失敗して、1.4 倍が入学したとしても 28 人です。全体では 108 人ですから、1.08 倍にしかなりません。条件を簡単にクリアできるのです。しかも、偏差値も上がりますから万々歳です。

　さらに、私立大学では、一般入試を前期と後期など複数回に分けて定員管理をしているところもあります。また、大学入試センター試験を利用した入試も実施しており、こちらにも定員を割り振っています。また、最初の合格者を少なめにして、補欠合格を出すこともあります。ある合格者が他大学への入学が決まって定員に空きができたときには、補欠合格者に電話連絡し、入学の意思を確かめることをしているのです。このように、分散型の定員管理と、きめ細かな対応で、いまでは定員の 1.0 から 1.1 倍の入学者を決めています。当然のことながら、この範囲から外れることもありますが。

　いま文科省が進めている入試改革では、私立大学の定員管理の難しさはあまり考慮されていません。

7. 3. 推薦入試

1990-2000 年頃の芝浦工大では、地方の進学高校から推薦入試で合格した学生は優秀であったと聞きました。当時、私は、超電導工学研究所で、芝浦工大の学生を外研生として受け入れていました。大塚正久先生と長友隆男先生の研究室の学生でしたが、確かに、何人かは推薦入学者でした。彼らはとても優秀でしたし、修士課程で英語での論文発表もしてくれました。

しかし、2000 年以降、多くの私立大学が推薦入学の枠を広げていきました。AO（admission office）入試による合格者と併せると、5 割以上の入学者を、試験のない入試方法で決めるようになったのです。その結果、必ずしも優秀ではない学生も進学するようになったと言われています。

もちろん、優秀な学生も入ってきます。しかし、問題は能力というよりも、やる気にかける学生の存在でした。この結果、一般入試で入ってくる学生との格差が大きくなったのです。もともとは能力がある学生なので、やる気さえあれば伸びるはずなので残念です。例えば、授業中に、まわりの学生に話しかけたり、携帯をいじったりと学修に対する姿勢の問題が顕在化してきたのです。これは、本学だけではなく、多くの私立大学において問題となっていると聞きました。

そこで、学長として推薦基準の引き上げを行いました。英語資格も、英検2 級を課すことにしました。この変更には、多くの高校から苦情が出たようです。それは理解できます。大学内からの反発もありました。すでに紹介した仕組みで、一般入試の枠が増えれば、大学の偏差値は低下してしまいます。また、定員管理も難しくなります。それは、重々承知のうえで、学長として決断しました。その結果、推薦入試での入学者数は、それまでの 500 名以上から、250 名まで激減しました。ただし、何人かの教員からは、「今年の新入生は、授業にとても真面目に取り組んでいます」と高評価も得られました。また、いちばん心配していた偏差値もそれほど下がりませんでした。**表 7-1**に 2020 年の芝浦工大の各学部の偏差値を示します。

表 7-1　2020 年入試の偏差値 (Benesse)

芝浦工大	2020 年
工学部	59 - 69
システム理工学部	61 - 65
デザイン工学部	60 - 65
建築学部	60 - 70

偏差値に幅があるのは、学科や試験日程による違いによります

　もちろん、推薦入試が悪いと言っているのではありません。優秀な学生もたくさん入ってくれています。ですので、入学者選抜をきちんと行えば、その数を増やすことにはやぶさかではありません。

　また、本学の推薦基準の引き上げに好意的な高校教員も居られると聞きました。私は、学生本人の大学生活を考えれば、よい措置であったと考えています。

7.4. 教育改革

　いま、大きな教育改革が行われようとしています。2014 年に中央教育審議会が文科省に提言したのが始まりです。その改革は、高大接続改革とも呼ばれています。ただし、現場にとっては入試改革です。2016 年の答申では、2020 年には大学入試センター試験を廃止し、それに替わる大学入学共通テストの導入も決まりました。

　改革側のねらいは、あくまでも教育の大改革です。大学進学を希望する高校生にとっては、志望の大学に合格することがもっとも重要な目標です。このため、高校での教育は、大学受験への対策が中心となります。高校側にとっても、生徒が志望大学へ進学することが、高校の評価につながりますので、入学試験対策に注力が向けられることになります。

　このため、受験に関係のない科目はないがしろにされる傾向にあります。ある高校が卒業に必修の世界史を教えていないことが分かり、問題になった

こともありました。

　英語教育においても、受験対策のため、単語の暗記や読解 (reading) が中心となると言われていました。産業界からは、その結果、英語を中高大と10年間勉強しても、日本人は英会話ができないのだと言われています。このため、大学入試では、英語の4技能 (reading, writing, listening, speaking) を取り入れるべきと提案されているのです。これら能力が大学受験に必要となれば、高校側も頑張って教育するだろうという発想です。その結果、英語でコミュニケーションがとれる日本人が増えるというわけです。ただし、入学試験のみで、これら4技能の評価をすることは簡単ではありません。そこで、民間試験をうまく利用しようということになりました[4]。

　また、グローバル化が進む国際社会において、日本がその地位を確保するためには、世界で活躍できる人材の育成が重要とされています。その育成には大学教育はもちろんのこと、高校教育も重要です。そして、高校において育成すべき能力として、学力の3要素が挙げられました。それらは

　① 基礎的・基本的な知識・技能

　② ①を活用して課題を解決するために必要な思考力・判断力・表現力

　③ 主体的に学習に取り組む態度

　です。

　これら能力を育成するために、高校での教育を変えたいというのが教育改革の意図です。そのためには、大学入試においても、これら3要素を問う入学者選抜方法が必要とされているのです。

　ところで、①が基本となることは分かります。しかし、②や③の能力を測定する試験とは、どのようなものでしょうか。特に、③の主体性の定義は難しいと思います。これら能力は、簡単に測定できるものではありません。

　芝浦工大では、学生の学びの過程を記録し、その振り返りを促す目的で、電子ポートフォリオを整備しました。また、学習管理システム (LMS) の整備

4　結局、民間試験の結果を入学者選抜に利用するという案は見送られています。芝浦工大では、CEFR 基準と併せて英検や TOEIC, TOEFL, IELTS などを利用しています。

により、学生がシステムをどう利用したかの学習行動の履歴が自動的に蓄積されます。この学習履歴をデータマイニング（Data mining）の手法[5]により分析することで、学習に取り組む際の主体性についてもある程度評価ができます。この手法は、ラーニングアナリティクス（Learning Analytics）と呼ばれています。また、ポートフォリオには、汎用力を評価できる PROG テストの結果が入っていますので、思考力や判断力についても評価が可能となります。

とすれば、高校にも、同様のポートフォリオを導入すればよいと考えるのも自然です。理想的には、高校から大学までシームレスなポートフォリオを構築できることになります。まさに、高大接続です。よって、高校にも電子ポートフォリオを導入し、それを入学者選抜時の調査書作成に活用することが提唱されたのです。

さらに、②の能力評価のためには、記述式問題が必要であるという議論もあり、大学入試センター試験に替わる、新たな大学入学共通テストでは、記述式問題の導入も決まりつつありました。結論から言うと、2020 年の記述式問題の導入は見送られました。その採点の公平性に課題があるからです。さらに、50 万人の受験者の記述式答案を短時間で正確に採点することは大きな課題です。

7. 5. 受験生はしたたか

ハーバード大や MIT などの一流大学では、優秀な学生を集めるために、単なる成績だけでなく、スポーツ、音楽、ボランティア、海外インターンなど多様な経験が求められます。しかし、一流大学を目指すアメリカの学生は、これらのことはすべて織り込み済みで、その対策を着々と進めているのです。しかも、幼児の頃からです。つまり、どんな複雑な入学者選抜であっても、いったん、その評価基準が示されれば、その対策を練ることができるのです。そ

5　情報システムに蓄積された大量のデータを統計学、AI などの技法を駆使して、パターンの規則性や隠れた傾向などの知見を得る手法のことです。

して、裕福な家庭ほど、その対策が可能となります。

②の思考力・判断力・表現力においても、評価基準が整備されれば、高い評価が得られるような対策が立てられることになります。③の主体性においても、評価基準のルーブリックが整備されれば、小学校、中学校から、塾や予備校も一緒になって対策を立てることになるでしょう。

ただし、①の知識や技能は、客観的に評価できますが、人間性や創造性、意欲、主体性などは、客観的評価が難しいのも事実です。受験の専門家が言われていました。「知識や技能を問う点数で落ちたならば、来年頑張ろうという気になるが、あなたは人間性で落ちたと言われたら、二度と立ち直れないのはでないか」と。考えさせられます。

私は、やはり、①が大学入試の基本と思います。入試改革の狙いとして「一点刻みからの解放」が挙げられていますが、一点刻みだからこそ、合否を判定できるのではないでしょうか。特に受験生が多い場合には、その方が公平です。私は、大学を目指す高校生には、受験テクニックではなく、基礎をしっかりと身につけて欲しいと思っています。

7.6. 読み書きそろばん

それでは、何が学問の基本か。それは「読み、書き、そろばん」（3R's: reading; writing; arithmetic）です。文章を読んで文意を理解できること、相手に自分の意思が伝わる文章を書けること、そして、分数、少数を含めた四則計算をしっかり確実にできることが重要と思います。さらに、常に数字に目配りができ、その意味に思いを馳せることができることも重要と考えています。

ただし、「読み：reading」の訓練では、読ませる対象も重要となります。私は、分かりやすく、論理的な文章を読む訓練を積むことが必要と思っています。以前、大学入試で、ある小説が出題されました。ところが、後日、解答例を見た作家が「私は、そんな意図では書いていない」とし、出題者にクレームをつけたのです。「味わいがある」と言えば聞こえは良いですが、幾通り

の解釈ができる文章もあります。しかし、このような文章が試験問題に出ると、学習者に混乱を与えるだけです。国語嫌いが増えるだけでしょう。

　個人的には、小説や詩は、試験問題に出すべきではないと考えています[6]。もちろん、小説や詩を読むことがダメと言っているのではありません。どんどん、読むべきです。なぜなら、人生が豊かになるからです。私も、小説は大好きです。ただし、論理的な解答を引き出すのが難しい文章を試験問題にすべきではないと思っています。

　つぎに、「書くこと：writing」も大変重要です。文書を書くことについては、理系の学生向けに月刊誌「化学」の依頼を受けて書いた解説があります。参考までに、この章末に補遺としてつけましたので、参照ください。

　私は、書く基本は、見本となる文章をまねることと思います。世の中には、分かりやすい（しかも論理的な）文章がたくさんあります。基本は、その反復練習です。そして、自分の意図をいかにうまく相手に伝える文章を書けるかが、大事です。最初から、文章を書くのがうまい人間などいません。そして、書けば書くほど、文章はうまくなります。短い文章でもいいから、自分が興味のあるテーマについて書く練習をする。それが重要と思っています。

　最後に、「そろばん：arithmetic」です。足し算、引き算、かけ算、割り算は基本です。普段から、数字に慣れていることも重要です。コンビニで、おつりを暗算で計算する日本人を見て、海外のひとは感心するそうです。

　ところで、数字の意味を問うセンスを養うことも重要です。「与党の支持率は30％であり、野党の支持率15％の2倍なので、つぎの選挙では与党が圧勝するでしょう」という新聞記事があったとしましょう。数字の得意なひとは、すぐにおかしいことに気づきます。残り55％の支持はどうなっているのだろうかという点です。投票では、このひとたちの動向が重要となるは

6　個人的には、古文と漢文は論理的な構成になっていて、わかりやすかったと感じています。高校時代の砂子澤巌先生から、漢詩の主題を聞かれたら「自然の悠久さに対する人為のはかなさ」と答えれば万能と教わりました。

ずです。

　実は、日本では、江戸時代にも算数は教えられていました。武士の子供ならば藩校、町民や農家の子供ならば、寺子屋です。当時の日本人の識字率は70-80%で、イギリスの20%をはるかに凌駕していました。これは、「読み、書き、そろばん」などの基礎が、あらゆる職種にとって重要だと日本人が気づいていたからです。当然、商売人にとって計算は必要です。農民にとっても、こよみの知識や、仕込みや収穫にも算数は必要となります。工具をつくるひとにも数字は大切です。

　最先端研究の場にいても、往々にして高等数学よりも、簡単な計算がブレイクスルーにつながることがあります。要は、数字に慣れ親しむこと、そして、数字の意味を考える訓練をすることだと思います。

　「読み書きそろばん」に加えて、英語教育も大きな注目を集めています。中高大と10年間、英語を習っても、ろくな英会話さえできない。これが批判の一因です。しかし、カリフォルニアの友人も同じことを言ってました。スペイン語を6年習ったが、まったく会話ができないと。グローバル化社会では、英語が共通語となっていますので、確かに英語教育は重要と思います。ただし、その目的は、知的な議論が英語でできることと思っています。

7.7. 英語教育

7.7.1. 英文が書けない日本人

　国際的な科学ジャーナルである"Journal of Chromatography"の論文募集要項に、"Authors in Japan please note"という文章が載っています。「日本人投稿者への注意書き」という意味です。わざわざ日本人だけを対象とした文章です。そこには"Upon request, Elsevier Science Japan will provide authors with a list of person who can check and improve the English of their paper."とあります。「要請があれば、エルゼビアサイエンス日本支社は、論文の英語をチェックしてくれる方を紹介できます」という内容です。

　私は、複数の海外の科学ジャーナルの編集者（editor）を務めたことがありますが、日本人の英文はひどいのでどうにかならないかと何度も言われました。

　不思議です。日本の大学入試では、欧米人が読んでも難しい小説やエッセイもよく出題されます。その難関を潜り抜けてきた優秀なひとたちの英文が読めない代物とは、どういうことなのでしょうか。

　これは、教育の問題であるとも思っています。大学入試で出る英語の問題は、文学的なものがほとんどです。大学に入って教養部で習う英語も、英文科出身の先生が、文学や哲学や社会学の英文をひたすら訳していくというものでした。日本語に訳しても意味不明のものが多いのです。私の大学教養部の頃、授業で使われた英語の小説が、まったく分かりませんでした[7]。友人が和訳を見つけてきてくれて、仲間が集まって読んだのですが、日本語でも意味不明なのです。さらに、訳者も困ったようで、やたらと注釈がついています。「ここは……とも解釈できる」などです。ついにあきらめました。

　理系英語は違います。まず、基本は "one word, one meaning" です[8]。ひとつの単語の意味は、ひとつしかありません。ひとつの技術用語にいろいろな意味があったのでは、事故が起きます。ところが、英文学では辞書を開けば、驚くほど多様な訳が載っています。"morning glory" を、「朝の栄光」と訳すひともいるかもしれませんが、理系では「あさがお」のことです。私の専門の超電導では、"critical current density" と言えば「臨界電流密度」ですが、国際会議で、通訳が「批判的な現代の濃度」と訳していたのを聞きました。苦労の様子が分かります。通訳の方の責任ではありません。学会の場合、2週間前に、技術用語集を用意して、このような間違いが起こらないようにしているはずなのです。ところが、研究者は忙しいので、通訳には協力しないのです。

7　芝浦工大の建築学部では、ホートン広瀬恵美子先生と恒安眞砂先生が専門の先生の協力のもと "Basic English for Architecture" を執筆され、建築英語が学べると学生に好評です。

8　千葉大学の齊藤恭一先生の Cat 2000 のインタビューを受けた記事が参考になります。また、先生が東大時代に編者のひとりとして出版された「理系のためのサバイバル英語入門」（ブルーバックス , 講談社）も参考になります。

単語だけではありません。"one sentence, one idea" や "one paragraph, one topic" も原則です[9]。ですので、理系英語は分かりやすく、明快で論理的なのです。

いまでは、日本人のために、英文チェックだけでなく、日本文を渡せば、すべて英訳してくれるサービスもあります。この結果、自分の論文が、査読に通りやすくなったと喜ぶ日本人研究者も居ます。ただし、論文はできれば研究者が、自ら書くべきと思います。英文を書くことは、国際会議で英語によるプレゼンテーションをするときの基本となるからです。つまり、知的な議論をする場では、英語論文の文章を、そのまま口頭で使うことが多いのです。さらに、日本語を英語に訳した文章では、不自然で真意が伝わらないことも多いです。やはり、研究者は自分で英語で論文を書くべきと思います。

私は、将来、理系を目指すひとには、高校時代に、論理的な理系の英文を学ばせるべきと思っています。また、技術用語を学ぶことも大切です。理系に進んでも、数式を英語で読めない、元素名の英語が分からない研究者がたくさんいます。高校のころから、算数や理科の英語に触れていれば事情はまったく異なります。その意味で、アメリカの小学校や中学校で使っている数学や理科の教科書を使うのも一案です。そのうえで、大学入試には、理系の専門用語が頻出する問題を出してほしいです。日本の理工系分野の発展に大きく寄与するはずです。

そして、英文を書くのがうまくなるコツは英借文です。優れた研究者が書いた文章をまねて書けばよいのです。最初は、そのままコピーしてもよいでしょう。もちろん、少しアレンジは必要ですが、何度もまねているうちに、自分なりの文章も書けるようになります。

9　技術科学英語で有名な早稲田大学名誉教授の篠田義明先生の提唱されたものです。他には one idea in one paragraph という原則もあります。

7.7.2. 英語が話せない日本人

国際会議で、アメリカの友人から、日本人研究者の英語が分からないと聞かれました。カタカナ英語の弊害です。その発表者は、酸素（oxygen）のことをずっと「オキシジェン」と、しかも、「ジェン」にアクセントを置いて発音していたのです。発表のキーワードですから、これが通じないと、すべてが通じません。実は、oxygen のアクセントは頭にあって、アメリカ英語ならば、「アクシジン」となります。最初はおおげさぐらいが良いです。

日本には、いろいろな外来語が入っています。それを、そのままカタカナ表記をします。明治時代までは、発音に近い表記をしていました。例えば「ヘボン」や「ミシン」がそうです。それぞれ、"Hepburn" と "machine" に対応します。しかし、日本語では、次第に、綴りのほうにつられて「ヘップバーン」や「マシン」と表記するようになりました。これでは、通じません。さらに、カタカナ文字には、英語以外の単語もたくさんあるので要注意です。Na はナトリウム、K はカリウムですが、これは英語ではなくドイツ語です。英語では "sodium" と "potassium" です。私は、偶然にも、ドイツからの留学生に「アルバイト」を始めたらしいねと聞いたら、「お前はドイツ語も知っているのか、すごいな」と感心されました。これは、ドイツ語の仕事 "arbeit" です。日本語の意味なら "side job" でしょうか。

国際会議で発表するときのコツは、キーワードとなる技術用語（technical term）の発音に注意することです。あらかじめ、自分で調べ、ネイティブの発音も確認しておくことです。また、付け加えますと、日本人英語は決して通じないわけではありません。

7.8. 入試改革は難しい

政府が打ち出している教育改革の一環として、高大接続改革があり、そこに入試改革があるという考えには納得できます。ただし、入試ではなく、入学者選抜という言葉が推奨されてはいます。

　ところで、大学入試には、これと言った決定版がないのも事実です。どんな入試制度にも欠陥はあるからです。合格したひとにとっては良い制度であっても、不合格だったひとたちから見れば、悪い制度でしょう。入試には運や不運もあります。実力が出せないひとも居ます。

　「蛍雪時代」のコーナー「受験ユーモア」をまとめた本「日本国『受験ユーモア』五十五年史、旺文社編」があります。昭和8年から始まったものです。

　この本を読むと、いつの時代も、みんなが入試に苦戦し、悩んでいることが分かります。そして、ユーモアで緊張を緩和させているのです。

　「おれは、いつでも大学に合格できる実力がある」

　「では、なんで三浪もしているの？」

　「合格したら、受験ユーモアに投稿できなくなるじゃないか」

　　なるほど

　世代は関係ありません。時代も関係ありません。どんなに入試制度が変わっても、入試はつらいのです。過激な受験戦争という言葉もありますが、いつの時代もそうなのです。それだけに、入試改革には終わりはなく、いつまでも続くのではないでしょうか。

> # 補遺　理系文書を書くためのコツ

1　はじめに

　高校で出前授業をしたとき、生徒のひとりから「先生、僕は将来理系に進みたいので、国語ができなくても大丈夫ですよね」と聞かれたことがある。漠然とではあるが、理系の学生は文章が下手でもよいという誤解があるようだ。「理系ほど国語ができないといけないんだよ」とアドバイスすると、その生徒はきょとんとしていた。

　理由は簡単である。理系では、自分の考えを論理的に相手に文書で伝える必要があるからだ。いかに素晴らしい実験結果が得られたとしても、それが相手に伝わらなければ意味がない。そのためには国語力が必要となる。

2　文書の基本

　生まれつき文章のうまいひとはいない。これは、日本語に限らず、すべての語学に共通したことである。そして、文章は訓練すれば確実にうまくなる。努力は報われるのである。それでは、どのように訓練するか。

　まず、よい文書に触れることが大切である。ただし、読むだけでは文章はうまくならない。書く訓練も必要である。コツはうまい文章を書く人のまねをすること、これに尽きる。人まねなどと馬鹿にしないで欲しい。文章に限らず、音楽、スポーツやあらゆる学問において、先達の教えを請うのは基本である。基本が身につけば、そこから独創性も生まれる。実は、英作文の上達法も共通で、その極意は英借文にある。

3　常に辞書を参照する

　文書を書きなれたひとは辞書などみないで、すらすらと文章を書けると思っているひとが多いが、これは間違いである。人の記憶は往々にして不確かである。よって、裏覚えで文書を書くなどもっての他であり、常に辞書を座右において、使う語句の意味を確認しなければならない。理系でも同じで

ある。いろいろな辞典をそばにおいて、用語の正しい意味を確認しながら書く。これが基本である。

実は、辞書の編纂には多くのひとが関わっている。それだけに、用語の説明などは冗長を排して必要最小限のことをうまくまとめてくれている。よって、単語の意味の確認だけでなく、文章を書くときの参考にもなる。

最近では、かなりの情報をそろえた電子辞書が発売されており、携帯が便利になった。ただし、表示される画面が限られているので、見にくいうえ、全体を俯瞰するという意味では、紙媒体に劣る欠点はある。また、インターネットが発達しているので、それを参照するのもよい。ただし、辞書と違って、インターネットでは、個人の恣意が入ったり、情報そのものが間違っていることも多いので注意を要する。(辞書にも間違いはあるが)

4　推敲を重ねる

どんなに文章がうまいひとでも、最初から納得のいく文書を書くことはまずできない。必ず、自分で何度も読み返し、修正を繰り返す。特に、理系の文書の場合には、論理的な表現や展開が求められるため、推敲は重要である。推敲は数を重ねれば重ねるほど文章はよくなると思ったほうがよい。ただし、自分ひとりでは、どうしてもチェックしきれない場合も多い。先入観があるからだ。そこで、薦めたいのは第三者に文書をチェックしてもらうことである。大学院生の場合には、同級生や先輩も頼りになる。もちろん、最後は指導教官にチェックしてもらう。

5　事実と意見

新聞を読んでいて気になることがある。それは、事実と意見を混同した文章が多いということである。例えば「首相は不機嫌そうに記者会見を終えた」などという文が当たり前のように出てくる。ここで「首相は記者会見を終えた」は事実であるが、「不機嫌そうに」は記者の主観であり、事実かどうかは分からない。

「日本語は世界で最も美しい言語である」「日本人は世界でいちばん優秀な民族である」これらは、明らかに事実ではないが、平気でこのような文章を

書くひとが多い。「と私は思う」という文が続けばよいのであるが。常にな
にが事実で、なにが意見であるのかを意識して文章を書く。これが論理的な
理系の文章を書く基本である。

6　評論家にはなるな

　「この技術は○○の理由で実現は難しい」という文章をよくみかける。し
かし、これはひとつの意見にしかすぎず、断定すべきことではない。研究者
の使命は、はじめからものを否定することではなく、何が問題点かを明確に
し、それをいかに解決すべきかに挑戦することである。世間一般で難しいと
言われているからと言って、それを切り捨てるのではなく、活路を見い出す
努力をする。そこに独創性が生まれる素地がある。文章を書くときにも、こ
のような視点にたってものごとを見つめるべきである。

7　楽天家であれ

　ある学生が書いたレポートに「先生が言われたとおりに実験したが、うま
くいかなかった。よって、この実験は失敗である」と記されてあった。最近、
学生に限らず、すこしでもうまくいかないと、すぐに失敗と断定するひとが
多い。

　まず、失敗した原因はいろいろあるはずである。もちろん、その実験に本
質的な問題がある場合もあろう。それはそれで、その理由を明らかにして発
表することは、大いに役に立つ。一方、世の中の失敗には本質的なものでは
なく、やり方に問題がある場合も多い。それを精査せずに、最初の結果だけ
で判断したのではブレイクスルーは生まれない。

　もうひとつ大事なことは常に楽天家であれということだ。最初から、だめ
だろうと思って取り組んだら、うまくいくものもうまくいかない。「きっと
うまくいくはずだ」と考えていれば、それまで見えていなかったことも見え
てくる。常に楽天的に考える。これも理系をめざすひとには重要である。

8　好きこそものの上手なれ

　ひとに文章の書き方を指南しているが、筆者は、かつて文章を書くことが
大嫌いであった。特に、学校の課題として出される読書感想文は大の苦手で

ある。まず、課題図書を読むのが面倒くさいうえ、興味がわかない。(いま振り返ってみると良書が多いのだが。)さらに、強制的に読まされた本の内容をあたかも感動したように紹介しなくてはならないことも苦痛であった。

何を言いたいかというと、よい文章を書くためには、「自分が本当に書きたいものがあるか」ということも重要な要素となるということである。自分がつまらないなと思っていることをいやいや書いたら、読み手はもっとつまらないと感じるだろう。

それともうひとつ重要なことは、結果が得られたら、すぐにまとめることである。感動が冷める前に書きとめておく。それが大事である。もちろん、後から読み返して、オーバーだなと思うことも多いが、それは、後から修正すればよいのである。

9　理系の文書

ここで、理系の文書の特徴を書いておく。「上手な文章」というと、すぐに文学を思い浮かべる人が多いだろう。「ふたつの透明の液体を混ぜると、いきなり白い小さな塊が生じ、それが全体に拡がっていく。まるで雪が降ったような美しさだ」文学ならば、これでよいかもしれないが、残念ながら理系の文書としては不合格である。

おそらく高校までの国語の授業では、理系志望の生徒でも、習う文章のほとんどは文学志向の高いものであろう。これは、ある意味不幸なことである。理系の文書では、必要な情報を入れたうえで文章は簡潔とすべきだからだ。

例に出した文章は文学的ではあるが、同じ実験を第三者が再現しようとしても無理である。理系の場合「A 溶液 50cc と B 溶液 50cc をビーカーに注入して混合すると、液体の中に大きさが 1mm 程度の白色の沈殿物が生成し、その量が時間とともに増大した」と表現しなければならない。可能であれば、白色の沈殿物が何であったか、そしてどの程度の量が沈殿したかを定量的に示す必要がある。

無味乾燥といわれるかもしれないが、これが理系の文書の特徴である。理系は、文体ではなく、その文書が伝えようとしている内容で感動を与えれば

よいのである。

10　おわりに

　ひとに文章の書き方を説くのは自殺行為とよく言われる。「上手な文書の書き方」と標榜しながら、その内容が分かりにくければ、これほど皮肉なことはないからだ。ましてや、文章の捉え方には主観が入るから、どんなにうまく書いたとしても、必ず誰かに非難される。万人が納得する文章などないのである。

　しかし、それを気にしていたのでは、いつまでたっても状況は変わらない。ということで、理系文書を書くためのコツをまとめてみた。当然、非難は覚悟している。ただし、前向きに考えよう。それが、また自分を磨くことになるのだと。

第8章　就　職

　私立大学の経営を学長として考えたとき、なによりも重要なのが、学生の就職と思っています。大学は学問をする場であり、就職予備校ではないという話をよく聞きます。もちろん、大学の使命は人材育成です。しかし、高い学費を払って、お子さんを私立大学に通わせる保護者にとって、いちばんの関心事は就職ではないでしょうか。学生にとっても、自分のキャリア形成は一生を決める一大事です。ですので、就職は私立大学にとっては最重要課題となるのです。

　あるシンポジウムで、某国立大学の学長と一緒になりました。彼の発表したスライドに、その大学の就職率が高いことを示すものがありました。おそらく、事務方が作成したものと思われます。彼は、それを説明したあと、「こんなものは大学が自慢することではないのですが」と断りを入れていました。国立と私立は違うなと感じました。

8.1. 大学の学費

　大学の学費から眺めてみましょう。**表8-1**に、世界の大学における一年間の学費の比較を示します。データは2012年と少し古いですが、アメリカがトップで、138万円程度です。日本の大学の教育費は、118万円でアメリカについで世界第2位です。しかし、この額は国公立を含めたすべての平均です。日本の場合には国公立大学の学費は安いので、私立大学の学費は世界の

表8-1　国別の大学の平均学費（単位は USD）　OECD 調査

1	USA	13856	8	New Zealand	3118
2	Japan	11865	9	Finland	1243
3	Australia	7692	10	Germany	933
4	Canada	5974	11	Sweden	600
5	England	5288	12	Norway	596
6	Mexico	5077	13	France	585
7	Netherlands	3125	14	Denmark	530

トップレベルということになります。

　このようなランキングになるのは、いくつか背景があります。まず、もともとヨーロッパでは学費が発生しない国が多かったのです。イギリスでも、かつては、学費はゼロでしたが、サッチャー首相の改革により、学費をとるようになりました。いまでは、52万円と高くなっていますが、日本に比べれば低い額です。さらに、イギリスには、学費の後払い制度があり、年収がある程度以上になるまで払わなくともよいのです。また、ドイツでは、10万円以下と安いですが、いまだに学費が発生しない州立大学が多いと聞きます。驚くことに、留学生に対しても学費がタダという州もありました。このように、欧米では、大学教育に対して、公的支援が当たり前でしたので、いまでも学費は安いのです[1]。

　一方で、大学運営を公的資金にのみ頼っていたのでは、大学の体力は徐々に衰退していきます。どこの国でも国家財政は破たんしていますから、大学予算に金はかけられません。他方、アメリカの有力大学の学費は決して安くありません。にもかかわらず、世界から学生が集まってきます。2017年のデータでは、アメリカの私立大学の学費は年間236万円と、日本の私立大学よりもはるかに高くなっていますが、それでも学生が集まるのです。それだ

1　海外においても、学費を値上げする大学が増えています。また、ドイツでは入学試験がなく、アビツーア（Abitur）試験（高校卒業試験）に合格すれば、どこの大学にも入学できます。このため、大学間競争がなく学費も基本的には無料となっています。

け、魅力があるということです。

　もちろん、学費が安いに越したことはありません。しかし、よりよい教育研究を行うためには、優秀な教員と、整備された環境も必要になります。そのためには資金も必要となるのです。アメリカの大学は、豊富な資金により、世界中から優秀な教員と学生を集めています。

　実は、1988年にケンブリッジ大学を訪れた時、そのあまりにも貧弱な研究設備に驚いたことがあります。日本では通常装備しているような装置でも、手作りで賄っている様子を見て驚きました[2]。当時、ケンブリッジ大学の友人は、政府からの援助はほとんど期待できないと嘆いていました。

　その後、産学連携などにより政府以外の資金獲得に努めた結果、ケンブリッジ大学は見事に復活しました。2003年にふたたび訪れたときに、マイクロソフトの寄附を原資に、最先端の研究所が立っているのを見て驚いたことを覚えています。この研究所は1997年に建てられたものです。やはり、最先端研究を進めるためには、大学には豊富な資金が必要です。

　実は、欧米を含めた海外では、大学の設立は公的資金に頼っているので、大学の数はあまり増えてはいません。一方、日本では大学の数が1955年以降に急増しました。1955年に日本の大学数は228校で、そのうち私立は122校でした。それが、2020年には大学総数は781校となり、私立は592校です。つまり、この間の増加は、ほとんどが私立大学なのです。

　日本においても、国家財政がひっ迫している状況は変わりません。よって、公的資金での高等教育の拡大はできません。一方、私立大学ならば、公的予算に頼らずに、拡大することが可能となるのです。国立大学82校への運営費交付金は1兆1000億円程度ですが、私立大学は592校あっても3200億円程度です。つまり、日本は私立大学のおかげで、公的資金を使わずにに高等教育の拡大が可能となっているのです。マスコミをよくにぎわす、OECD加盟国で、日本のGDPに占める教育への公的支出の割合が最低レベルにあ

2　ただし、既製品ではない創意工夫による手作り装置から新たなブレイクスルーが生まれることも事実です。

るのは、この事も関係しています。

　一方で、少子化が進む中、日本に、これだけの数の大学が必要かという議論は常にあります。そして、定員割れしている私立大学は整理すべきという意見もあります。

8.2. 就職と私立大学

　私立大学では、その教育研究にかかる運営費は、保護者の個人支出に頼っています。その経常収入の 70 − 80% は学納金です。そして、学費は年に100-150 万円に達します。学費を払う親からみれば、大変な経済的負担であることは確かです。私も、学長として保護者の方々から、芝浦工大の学費は高すぎるとお叱りを受けることも多いです。しかし、保護者の態度が一変することがあります。それは、お子さんが立派な会社に就職できた時です。「自分の子供は、なんと良い大学に入ったのだろう」と喜んでくれるのです。

　日本の私立大学が、高い学費にも拘わらず、学生が来てくれ、経営が成り立っているのは、大学がしっかりとした教育をして、学生を社会に送り込んでいるからなのです。この事実を忘れてはなりません。学費に収入を頼っている私立大学では、就職は最重要事項なのです。

　幸いにして、芝浦工大は、就職に強い大学として知られています。**表 8-2** は、2019 年の卒業生が 1000 人以上の大学の実就職率のランキングです。

　芝浦工大は、全体の 8 位に位置しています。とは言え、就職率の % を見れば、10 位の東京家政大学でも 95.6% ですから、上位の大学の就職率は、ほぼ飽和状態と言ってもよいくらいです。と言うのも、就職以外の進路を考える前向きな学生や、起業しようという学生もいますので、100% にするのは大変なことなのです。

　実は、芝浦工大では、留学生が増えています。彼らの多くは、卒業後すぐに就職ということを考えず、企業や NPO 法人でインターン (internship) をしたり、さらなる社会経験を積む傾向にあります。また、海外の企業への就職

表8-2　2019年実就職率ランキング　（卒業生が1000人以上の大学）

順位	設置	大学名	所在地	就職率(%)	卒業者数	就職者数	進学者数
1	私	金沢工業大学	石川	98.1	1,705	1,454	223
2	私	愛知工業大学	愛知	98.0	1,312	1,194	94
3	私	大阪工業大学	大阪	97.4	1,730	1,456	235
4	私	昭和女子大学	東京	97.3	1,366	1,307	23
5	国	福井大学	福井	97.0	1,290	953	308
6	私	安田女子大学	広島	95.8	1,127	1,066	14
7	私	国際医療福祉大学	栃木	95.8	1,429	1,333	37
8	私	**芝浦工業大学**	東京	95.7	2,132	1,575	487
9	私	名城大学	愛知	95.6	3,278	2,900	246
10	私	東京家政大学	東京	95.6	1,519	1,437	16

にトライするケースもあります。この場合、3月卒業、4月就職はありえません。このため、大学のグローバル化とともに海外留学生が増えてくると、就職率を100%に近づけるのは、より難しくなります。就職担当の教員や職員は苦慮されていますが、私は仕方がないことと思っています。

　ところで、大学を出たばかりの新卒学生が、これだけ高い就職率を誇れるのは、日本の就職システムにあります。日本では、大学卒業時に企業が一括採用をしてくれます。学生もそれを当たり前と捉えています。これを非難するひとも居ますが、私は、世界に類を見ない大変優れた制度と思っています。

　アメリカでは、就職希望者は、企業にしても、政府機関にしても、インターンとして一定期間無休で働き、それが認められて始めて就職というケースが多いのです。他の国においても一括採用はありません[3]。

　AP通信が2012年に"1 in 2 new graduates are jobless or underemployed"という記事を発表しています。アメリカで四年制大学を卒業した25歳以下の若者の内、2人に1人、約150万人が、仕事につけないか、アルバイトなどの、

3　私は、新卒の一括採用は素晴らしい制度と思っています。これがあるからこそ多くの若者が失業せずに済みます。また、企業にはフレッシュな新人が入ってきますので、日本の社会に活力を与えています。

大学卒の学歴を必要しない職業についているとのことです。ハーバード大学を出て、スターバックスでバイトをしている若者も紹介されています。しかも、アメリカでは、私立大学の学費が非常に高く、多くの学生がローンを組んでいるため、大学卒業と同時に借金を抱えるのです。1000万円近い借金となることもあるようです。これでは大変です。この若者の苦境が大統領選の争点にもなっているのです。

お隣りの韓国においても、大卒の就職率は70%程度となっています。**表8-3**に、OECDが発表した2016-2017年の世界の国々の若年失業率を示します。

ヨーロッパでは、若者の失業率が高く、フランスで23.8%、イタリアではなんと39.1%です。これは、深刻な問題ではないでしょうか。アメリカ、イギリスでも10%台となっており、これらの国でも社会問題となっています。

これらデータを見れば、日本の失業率が低く、恵まれた環境にあることが分かります。このおかげで、日本の私立大学も存続できていると言っても過言ではありません。高い学費を払っても、就職できないのでは、学生にとっても、保護者にとっても、大学に行く意味がなくなるからです。

先ほど、就職が決まったとたんに、保護者の態度が変わるという話を紹介しました。当然でしょう。誰でもお子さんの将来は心配です。このため、芝浦工大では、就職の質にも注目しています。それは、保護者にも学生にも、入ってよかったと思える会社に就職が決まることです。

その指標のひとつとして、すでに紹介したように、芝浦工大では表8-2の

表8-3　若年失業率（%）（15-24歳）

日本	4.37
アメリカ	10.2
イギリス	12.4
カナダ	12.8
フランス	23.8
イタリア	39.1
韓国	10.1

就職率だけではなく、日経 400 社への就職率についても注目しています。日
経 400 社とは、日本を代表する企業のことであり、日経平均株価指数の採用
銘柄や、会社規模、知名度、大学生の人気企業ランキングなどを参考に選ば
れている会社のことです。いわゆる一流企業となります。

　表 8-4 に示すように、芝浦工大は 2015 年度には 13 位に位置しており、就
職率では 22.9% です。まわりの大学は私立の有名大学ばかりです。表 8-2 で
上位に顔を出している大学と顔ぶれは少し異なることも分かります。保護者
には、本学は実就職率が高いうえ、優良企業への就職率も高いと自慢してい
ます。そして、この日経 400 社の就職率を上げることが大学にとって重要と
考えていました。

　その方策のひとつは、大学院進学率の上昇です。修士学生の優良企業への
就職率は、学部学生をはるかにしのぎます。東京理科大学が高いのは、これ
が一因です。芝浦工大の大学院進学率は 30% 程度ですが、理科大は 60% を
超えます。これが、理科大の優良企業への就職率が高い理由のひとつです。
しかし、大学院進学率を急に上げることはできません。私は、自分の経験か
ら大学院進学はキャリア形成に重要と考えています。大学においても教職協

表 8-4　2015 年度日経 400 社への就職率（%）トップ 20

（卒業生 1000 人以上の私立大学）

1	慶應義塾大学	40.9	11	立教大学	23.2
2	東京理科大学	31.9	12	国際基督教大学	22.9
3	上智大学	31.1	13	芝浦工業大学	22.9
4	早稲田大学	30.1	14	聖心女子大学	22.9
5	国際教養大学	28.3	15	関西学院大学	22.7
6	学習院大学	27.8	16	津田塾大学	22.2
7	同志社大学	26.4	17	青山学院大学	21.2
8	学習院女子大学	25.7	18	成蹊大学	20.1
9	東京女子大学	24.4	19	明治大学	20.0
10	日本女子大学	23.4	20	中央大学	19.2

大学通信調べ

表 8-5　2020 年日経 400 社就職率トップ 5

（卒業生 1000 人以上の私立大学）

1	東京理科大学	38.0
2	早稲田大学	34.7
3	**芝浦工業大学**	**33.0**
4	上智大学	31.0
5	同志社大学	30.7

大学通信調べ

働で、大学院進学を進めていますが、少し時間がかかると思っています。

　その次の鍵が、大学のグローバル化でした。優良企業は、すべてグローバル化を意識しています。マーケットがグローバル化しているからです。当然、グローバルマインドにあふれた学生を欲しいはずです。幸い、2014 年に本学はスーパーグローバル大学に採択され、大学が一丸となってグローバル化を推進していました。この結果、日経 400 社への就職率も年々向上し、2020 年には**表 8-5** に示すように第 3 位まで上昇したのです。

　もちろん、建築学部などでは、優秀な大学院生が個人の建築事務所やアトリエに見習いとして就職するケースが多いです。中小企業でも有望なところもたくさんありますから、日経 400 社への就職がすべてではありません。ただし、表 8-5 の結果は、本学の勢いを示すデータとも思っています。

8.3. インターンシップ

　日本では、大学の新卒者が企業などに就職して 3 年以内に離職するケースが 3 割以上と聞いています。せっかく、苦労して就職しながら、すぐに仕事を辞めてしまうのは、あまりにももったいないのではないでしょうか。理由はいろいろとあるようですが、いちばんの原因は、業務内容のミスマッチとなっています。つまり、自分が期待していたものとは違った仕事だったということです。つぎが福利厚生に対する不満です。土日も残業という企業が日

本には、いまだにあります。

2003年に芝浦工大の教員になって最初に指導した4年生のひとりに、ある超優良企業からぜひ就職してほしいという依頼が来ました。当時は、就職に関しては、指導教員を通して話が来ることが多かったです。その学生に聞くと、3年生の夏休みに3週間ほど、この企業の工場でインターンシップをしたということでした。そのときの上司が彼のことをいたく気に入り、人事部を動かしたというのです。彼に聞くと、自分もぜひ就職したいとのことで、とんとん拍子で話は進み、この企業への就職が決まりました。インターンシップでの経験もあるので、何も問題もありません。彼は、この会社で順調にキャリアを積み、いまは課長として活躍しています。これは、ハッピーなケースです。

一方、研究室には、就職して半年ほどで会社をやめ、数学の教師になった学生もいます。彼は、大学時代には、教師になることも視野に入れ、教職免許を取得していたのですが、ある会社の説明会に魅せられて就職を決意しました。しかし、入ってみると、説明会で聞いた業務内容とは、まったく異なる仕事だったということです。相談を受けはしましたが、すでに、本人は辞めることを決意していました。彼は、その後、教師を目指し、無事、高校教員に採用されました。

この件の事情も良くわかります。企業の人事は、よい人材を採用したいので、企業でも花形の部署を前面に押し出して宣伝します。しかし、当人の配属先は、工場であったりしますので、説明会で紹介された仕事とはまったく異なることがあるのです。

私は、このようなミスマッチを防ぐにはインターンシップが有効な策と思っています。現場に行って仕事を経験すれば、その内容がよく理解できるはずです。両者にとってWin-Winとなる良い制度と思っています。

ところが、2005年ぐらいから、大学においてインターンシップを単位化するという話が出てきて、少し混乱が生じていると感じていました。それは、採用に直結するようなインターンシップは、好ましくないと言われだしたこ

とです。おそらく、大学の単位として認定するならば、学生の就職と結びつくものは望ましくないという考えと思います。それもよく分かります。当時は、アメリカの大学のインターンシップのことが引き合いに出され、それが単位化されていることも良い事例として紹介されていました。

　ただし、アメリカの制度を、そのまま受け入れるのには無理があります。アメリカでは、日本のような就活がありません。一括採用もなく、就職説明会もありません。学生にとって、インターンシップが就職への数少ない道となっているのです。このため、企業への長期インターンシップを売りにして学生を集める大学もあります。私は、このような国状の違いを考慮しないと方向性を誤まると思っていました。

　結論から言うと、私は、日本では採用に直結するインターンシップを推奨します。また、単位化は、それほど必要ないとも考えています。企業側の担当者にとってみたらどうでしょう。将来、自社に就職しない学生のために、社員が貴重な時間を費やし、その指導にあたることが意味あることなのでしょうか。しかも、単位を与えるためには、成績もつけなければなりません。

　現在、求められている教育の質保証を考えれば、単位化は、かなりハードルが高くなります。それに、学生の安心安全を確保する必要もありますし、社外には出せない秘密事項もあります。守秘義務まで考えると、関係のない学生の受け入れなどしたくないでしょう。

　実は、私も企業にいたときに、大学のインターンシップ生を受け入れた経験があります。誰もが遠慮したため、私に役が回ってきたのです。どんな仕事をしてもらうかを決めるのも大変です。毎日、日誌をつけて、評点もつけました。会社の上司が、知り合いの大学教授から無理やり頼まれたということでした。一か月間の研修は、結構な負担でしたが、学生と話をするのは楽しかったです。飲みにも行きました。ただし、次年度からの受け入れは断りました。そんな余裕がないからです。もし、10人という単位で来られたら、普通の企業では対応不可能だろうとも思いました。一方、将来、自分の部下になる学生ならば、喜んで指導すると思います。

　ところが、2019 年に、政府は 21 年卒の学生から採用直結型インターンシップの禁止要請を出しました。この背景には、インターンシップを利用した青田買いがあるためとされています。就職協定違反の可能性もあるとのことです。インターンシップは、学生にとっても、貴重な時間を使った体験です。ミスマッチを防ぐ意味でも、双方にとってよい機会なのですから、将来の就職を考えたインターンシップはあっても良いのではないでしょうか。

8.4. 就職活動

　学生にとって、就職は一生の一大事です。それによって人生が決まることもあります。ですので、大学として、彼ら彼女らの就職支援をすることは至極当然の事です。

　以前は、大学や学科に企業から推薦依頼が来ました。各学科ごとに企業の推薦枠が当てられ、学科内で調整のうえ、学長が推薦すれば、ほぼ 100% の内定が得られました。ただし、大学から発行する推薦状は 1 通のみであり、他の会社を受けることはできません。

　もちろん、芝浦工大には伝統があり、いろいろな企業で卒業生が活躍していたお陰で、このような推薦枠がもらえていたという背景もあります。大学によっては、推薦枠のないところも結構ありました。また、文系の学部や学科では事情が異なっていたかもしれません。

　このような就職の仕組みは今に比べるとずっと楽でした。学生も就職活動などせずに、卒論、修論にしっかり取り組めば、就職は確約されていたからです。

　ところが 2005 年ぐらいから、自由応募という制度が主流となるようになりました。インターネットを使えば、自由に希望の会社にエントリーできるのです。一方、大学に推薦依頼は今でも来ますが、推薦状をもらえたからといって、就職が確約されたものではなくなりました。

　自由応募といえば、聞こえはよいのですが、いろいろと大変なこともあり

ます。ある大企業の担当者は、20000 件以上のエントリーがあり、対処に困ると言っていました。採用予定が 100 人とすれば、200 倍の競争となります。担当者は、最初の書類選考だけで疲弊してしまいます。

　また、学生が何社も受けるために、大学の授業が受けられないという問題も顕在化しました。このため、就職協定なども登場したのですが、必ず守らなければならない規則ではありません。

　ただし、就職活動については弊害ばかりが指摘されていますが、よい面もあると感じています。それは、学生の変化です。スーツをしっかり着るようになり、教員への接し方も変わります。メールの文章もていねいになりますし、研究室の出入りでも、しっかりと挨拶するようにもなります。社会に出てから必要な常識を学ぶ良い機会となっているのです。

　就職活動を悪いと決めつけずに、社会勉強のよい機会と捉えることも大事と考えています。

8.5. キャリアサポート

　5 年ほど前のことです。ある知り合いから、大学 4 年生の息子さんの就職について相談があると連絡がありました。お子さんが通う大学では、就職支援ををほとんどしていないというのです。芝浦工大で何とかならないかという相談でしたが、他大の学生の世話をすることはできません。研究室の先生に相談するよう話しましたが、とっくにそれはしており、先生からは「自分は一度も企業に就職したことがないし、就職活動をしたこともないので、何も助言できない」と言われたそうです。芝浦工大が学生向けに配っている就職関連資料を何冊か送り、ごく一般的な助言もしました。すると、彼からは、こんなにていねいな就活支援をしている大学は、本当にうらやましいと言われました。

　大学によって対応が大きく異なるということを、あらためて認識した次第です。芝浦工大では、就職を含めたキャリア支援は大学として最重要課題と

しています。就職や大学院進学などのキャリアサポートセンターには、事務方の就職キャリア支援部長と、教員のセンター長がいて教職協働の音頭をとっています。さらに、各学科には就職担当の教員が二人いて、きめ細かな対応をしているのです。まさに、教職協働による就職支援体制が整っています。

また、芝浦工業大学には多くの優良企業が来て、学内で会社説明会を開いてくれます。都内にキャンパスがあるという利点もありますが、あらためて恵まれた環境にあると学長として感謝しています。

8.6. 工学部出身の先生

筑波大学の先生と話をしたときに、「いまだに本学が全国区の大学として認知されているのは、OB の教員たちのお蔭なのです」ということをお聞きしました。筑波大学の前身は、東京教育大学です。日本一の教員養成学校でした[4]。ですので、日本中に筑波大学 (かつての東京教育大学) 出身の先生が居ます。地方でも、指導的立場となり大活躍されています。この先生方が生徒に筑波大の良さを話し、進学を進めるので、いまだに全国区の国立大学として認知されているというのです。正直、東京からつくばの地に移転したとき、教育関連の先生たちはレベルが落ちると心配されたようですが、それは杞憂だったようです。確かに、高校の進路指導の先生方の影響は大きいと思います。

東京理科大学出身の先生も全国の高校にたくさん居られます。理科大には理学部があること、また、教職教育センターも充実しており、優秀な高校教員を輩出されています。理科大出身の先生は、当然、自分の母校を生徒に推薦します。これも理科大人気の一因と思っています。

実は、芝浦工大は、ここが弱いところでもあります。本学出身の教員はそれほど多くありません。また、高校の先生たちの間の知名度がいまいちなのです。芝浦工大出身の先生が増えれば、少しは状況が変わる可能性がありま

---

4 東京教育大学は、教育学部だけでなく、文、理、農、体育学部を擁する総合大学です。その前身の東京高等師範学校のことを指します。

す。なんとか教員を増やせないだろうか。それが学長としての思いでした。

　実は、工学を学んだ学生が教育をすることは、とても重要と考えています。高校生には、工学部で何を学ぶかがよく浸透していないからです。私の前任の柘植先生も、同じ考えを持っていました。日本では、博士人材が有効利用されていないという課題があることを前に説明しました。柘植先生は、政府に働きかけ、教員免許を持っていなくとも、博士号取得者ならば高校の教員として採用できる道を提案しました。その結果、全国区ではないですが、複数の県の教育委員会で、博士号があれば、数学・理科・工業の高校教員になれるようになっています。

　実際に、この制度を利用して高校の先生になった例もありますが、それほど拡がっていません。芝浦工大の博士学生のひとりが、この制度を利用して教員となりましたが、やはり、教員免許を持っていないことがネックになるというのです。結局、彼は、高専の教授に転任しました。私は、工学を学んだ先生が高校に居ることはよいことと思っていますので、この制度は、ぜひ拡充すべきと考えています。

　一方、工学部の学生にとって、教職課程を修了することは決してやさしくはありません。自分の学科の所定の単位をとったうえで、教職課程の単位をとらないといけないからです。授業も、5限、6限と遅かったり、土曜日などに集中してとります。かなりの精神力がなければ挑戦できません。それでも、毎年50名程度が教職免許を取得しています。

　しかし、教員養成を前提とする学部以外の学生が教職免許をとることは厳しさを増しています。教員養成の専門家から見ると、他の学部の学生が教員免許をとることに対するアレルギーがあるようなのです。その気持ちも分かります。ただでさえ、全国で教育学部の縮小が続いています。そこに、異分野から参入されるのは面白くないのではないでしょうか。

　実は、2019年に教育職員免許法が改正されました。全国の大学の教職課程で共通的に修得すべき資質能力がより明確化されたのです。簡単に言えば、免許取得が、従来より厳しくなったということです。学長補佐で教職課程の

谷田川ルミ先生に聞くと、「工学系の学生が教員免許を取得するのは、ますます厳しさを増します」ということでした。今後は、教職課程をあきらめる学科も増えるのではという意見です。それでは、困ります。そこで、芝浦工大では、学科の先生とも協議しながら、教職課程で修得した科目を卒業単位として認定いただくような議論をしています。もちろん、簡単なことではありません。

　私は、大学だけでなく、すべての教育現場には多様性（diversity）が必要と思っています。博士号取得者が高校教員になれる道は、ぜひ拡大すべきです。さらに、日本は工業立国が国是です。高校生にとっても、工学を学んだ教員から、より具体的かつ現実に則した話を聞くことは、将来のキャリアを考えるうえでプラスになるのではないでしょうか。そういう意味では、企業経験者が教員になる道があってもよいと考えます

第9章　地の創造拠点

　本学では、研究力の強化において、知と地の創造拠点の形成を挙げています。知の創造拠点は、まさに世界の最先端を行く研究拠点の形成です。大学のグローバル化推進とともに、世界の大学や優秀な研究者との共同研究を進めており、その結果、芝浦工大の研究論文数や国際共著率が順調に増えていることはすでに紹介しました。

　一方、地の創造拠点とは、大学のキャンパスが位置する地域の自治体や中小企業などと一緒に大学が成長することを意味します。地域に根差す組織と共同研究を行うことは、大学の社会貢献として重要ですし、その活動に学生が参加することは、活きた教育の一環ともなります。まさに、アクティブラーニング（active learning）なのです。

　実は、大学教員の研究範囲は実に広いのです。最先端研究と呼ばれる分野に挑戦するひとたちも居ますが、環境問題や、地域連携、また、加工技術など産業に直結する研究をしている先生もおられます。

　この章では、産学連携、特に、中小企業との共同研究について、ものづくりに焦点を絞って、私見を述べたいと思います。

9.1. 継承されるものづくり

　日本には、ものづくりを大切にするという心が残っています。この精神は、若い人たちにも確実に受け継がれています。これは、日本が世界に誇るべき

伝統と思っています。

　もともと、日本にはものを大切にするという精神があり、ものづくりに対する畏敬の念がありました。神道では、もの（人工物）であったとしても、長年使い続ければ、そこに神が宿るという「つくも神」という考えがあります。そして、長く使い続けることができる「もの」と、それをつくった「ものづくり」技術者に対する尊敬の念がありました。

　この精神は、江戸時代の世界に類をみないリサイクル技術となって結実しています。江戸の街にはゴミがほとんどなかったと言われています。それは、類まれな知恵と工夫によって、すべてのものが無駄に捨てられることなく、有効利用されていたからなのです。

　また、ものづくりにおいても、常に古くなった部品をリサイクルして再利用するという観点からの初期設計がなされていたのです。

　もちろん、このような歴史的背景だけではなく、資源のない日本が世界で優位性を維持するためには、資源に頼らない、知恵と工夫による「ものづくり」技術の開発と、それを担う人材育成が重要であるということを多くのひとが認識しています。そして、その精神は、いまにも受け継がれ、マネーゲームという空虚な夢を追いかけず、多くの若者に、実態である「もの」を大切にするという考えが浸透しているのです。

9.2. バブルの蹉跌

　日本では、バブル崩壊後の経済の低迷を、失われた 20 年と称し、あたかも、日本が世界に大きく遅れをとったように報じられています。かつて、国内総生産（GDP: Gross Domestic Product）が、アメリカについで世界 2 位となり、いずれアメリカを抜いてトップになるだろうと誰もが予想し、日本が "rising sun" と呼ばれた時代がありました。その頃を知るひとたちからは、日本が中国に抜かれて第 3 位に転落したことを悲観的に捉えるむきも多いようです。しかし、別の視点でみれば、いまだに世界第 3 位であり、ドイツ、フランス、

韓国よりも上ということを認識すべきです。

さらに、中国の人口は13億人を優に超しています。日本は1億2千万人です。ひとりあたりのGDPは、日本のほうが中国よりもはるかに上なのです。その理由は、日本がものづくりの心を捨てなかったからと思っています。

バブル時代には、経済評論家たちが「ものづくりは後進国に任せて、日本のような先進国は、金融で金を稼ぐべきだ」という主張を繰り返していました。ものづくりは、どこでもできるので高賃金の日本では、いずれ立ち行かなくなるという主張であったと思います。

このような甘言に惑わされて、多くの企業がマネーゲームに走りました。製造業にあっても、金融担当の役員が出世し、地道にものづくりをしている現場の何倍もの収益を挙げていると重用されたりもしました。工学部出身者が、製造業ではなく金融機関に職を求めたのもこの頃です。そして文系出身者の生涯賃金が理系より5000万円も高いということが、まことしやかに喧伝され、額に汗して働くことを軽蔑する動きがあったことも確かです。

しかし、このような軽佻浮薄な考えを苦々しく思っている人たちも多くいたのも事実です。少し考えれば、マネーゲームが砂上の楼閣であることは自明です。それが愚かな考えであったことは、時代が証明しています。

実は、日本が完全に没落せずにすんだのは、自分たちの本道を忘れ、不労所得に欣喜雀躍する無能な経営者たちの横で、地道に、ものづくりの伝統を守り、日本の危機を救った無名の技術者たちがいたからなのです。この事実を、われわれは、忘れてはいけません。

9.3. 立って半畳、寝て一畳

もちろん、金儲けをすることは悪いことではありません。企業が利益を出して、従業員に還元し、それによって、多くのひとの生活が豊かになるのは歓迎すべきことです。しかし、本業を忘れて、マネーゲームに走ったのでは、本末顛倒であり、企業の存在意義が問われることになります。

さらに、物欲には限りがないということも知るべきです。物や金に頼る限り、心の安寧は得られません。多くの新興企業は真の「ものづくり」精神に欠けており、往々にして拡大路線に走りがちです。急成長するのはいいのですが、結局、自分自身をコントロールできずに崩壊してしまうことが多いです。

草創期には、ささやかな成長を楽しんでいたものが、会社が大きくなるにしたがって、10億円のつぎは、100億円、その先は1000億円と増えていきます。少し考えれば、まともな商売をしていて、そんなに簡単に売り上げが伸びることなどありません。かなり無理をしない限り急成長は望めないのです。そこで、失うものも多いはずです。

どんなに金を稼いでも、ひとりの人間が占有できる面積は大きくはありません。立ったら、畳半分ほど、寝ても、畳一枚ほどです。どんな豪邸に住んでいても、ひとりの人間が占める面積は限られているのです。いたずらにスペースがあると、ゆったりした気分よりも、空虚さを感じることもあります。

「立って半畳、寝て一畳、天下とっても三合半」という言葉があります。栄華を極め、天下人となったとしても、一回に食べられるご飯の量は、せいぜい三合半しかないという意味です。暴食が過ぎれば、やがて健康を害してしまうでしょう。

人は、物を求めるのではなく、心の豊かさを求めるべきなのです。盲、聾、唖という三重苦にみまわれながら、努力して学問を身につけ、世界的な篤志家として名を馳せた Helen Keller 女史が残した言葉に次のものがあります。

"The best and most beautiful things in life cannot be seen, not touched, but are felt in the heart."

「人生において、最上でもっとも美しいものは見ることはできないし、触れることもできない。それは、心で感じるしかないのだ」と。

The best and most beautiful things in life を人間は追及すべきであり、そして、それは心の中にあるのです。

どんなにつましい生活をしていても、心が穏やかであれば、幸せに暮らしていけます。バブル期にあっても、ものづくりの心を忘れずにいた人たちは、

心の中に、マネーゲームに踊らされない、しっかりとした芯があったのだと思います。

9.4. 大志を抱く

　札幌農学校（現北海道大学）の初代教頭であるクラーク博士（William Smith Clark）が学生に向けた有名な言葉に、"Boys, be ambitious!"があります。「少年よ、大志をいだけ」という日本語も有名です。いまならば、"Girls and boys, be ambitious!"とすべきしょうか。ところで、この大志とは野心のことではないのです。実は、"Boys, be ambitious!"の先には、さらなる言葉が続くとされています。

　　"Be ambitious not for money or selfish aggrandizement, not for that evanescent thing which men call fame. Be ambitious for the attainment of all that a man ought to be."

　　「少年よ、大志をいだけ。ただし、金銭や利己的な栄達を満たすための大志であってはならない。自分の名声を得るためだけの空疎な大志であってもならない。大志とは、人間としてあるべき姿を希求することである[1]」

　同感です。もちろん、人によって、心の安寧は違うかもしれません。ただし、多くのひとに共通した喜びがあります。それは、世のため、人のために働いているという充実感です。それが大志です。単なる金儲けは野心でしかありません。

1　北海道大学の研究では、これは Clark 博士の言葉ではないという説が有力です。「北海道大学図書館報『楡蔭』No.29 参照」。とは言え、とても心に響く言葉であることに変わりはありません。

9.5. 日本の工業力

　ものづくりの喜びは、自分で体を動かして、社会のために役立つものをつくる（創る、作る、造る）ことにあります。たとえ、それが小さな部品であっても、自動車などの工業製品に利用されれば、立派な社会貢献です。過酷な温度変化や応力に耐える製品を開発できれば、安心安全にもつながります。つくる際の工夫によって、効率が上がれば、省エネルギーにもつながります。

　ものづくりの大切さは、ここにあります。たとえ、儲けが少なくとも、社会のため、ひとのために自分の仕事が役立っているということが分かれば、心が充実し、豊かにもなります。

　日本の高度経済成長は、ものづくりの心を持った中小企業によって支えられていました。もちろん、大企業の存在も大きいですが、それを下から支えていたのが、いわゆる、町工場と呼ばれる技術者集団でした。彼らは、下請けという地位に甘んじながら、親会社からの過酷な要求に対しても、知恵と工夫によって対処してきたのです。

　軽くて強いバネが欲しい。過酷な温度環境でも緩むことのないネジが欲しい。それもコスト増を招かずに開発して欲しい。こんな無理難題に応えてきたのです。彼らは、その仕事によって大きな利益を得ていたわけではありません。しかし、その仕事が日本の発展に寄与するという使命感を持って対応していたのす。バブル崩壊後には、これら下請けに無理強いするかたちで、自ら延命してきた企業が多いですが、このような過酷な経済環境の中でも生き残ってきた中小企業には、大変な技術が蓄積されています。それは日本の財産です。

　ところで、ものづくりの効用はこれだけではありません。すでに第2章で紹介していますが、孔子（Confucius）が残したといわれる次の言葉があります。

　　　　What I hear I forget. What I see I remember. What I do I understand.

　　　「聞いただけでは忘れてしまう。見たものは覚えているかもしれない。
　　　自分でやってみて、はじめて理解できる。」

　つまり、ものづくりは、教育現場において、強力かつ効果的な手法となるのです。日本にある大学にとっては、すぐそばに、このような技術者集団が居てくれるということは心強いことであり、それを、大学教育に活かすべきなのです。

　しかし、ものをつくっていれば、それで事足れりという訳にはいきません。単純作業は、後続にまねをされ、いっきに追い越されてしまう運命にあります。かつての日本もそうやって今の地位を築いたのですが、いまや、中国、韓国が先進国の模倣で躍進し、業種によっては、トップに躍り出ています。そして、日本の大いなる脅威となっています。いずれ近い将来には、東南アジア諸国の躍進が始まるでしょう。

　それに対抗するためには、日本でしかできない（日本人にしかできない）「ものづくり技術」の開発が必要となります。そのような開発を進めなければ、台頭してきている後進国に対して日本は後塵を拝することになるからです。それを進めるのが日本の課題と考えています。

　ある企業の経営者と話をしていたときに、こんな話を聞きました。「すでに確立された模倣可能な技術では、中国や東南アジアにコスト競争で負けてしまう。いまは、製造工場をアジアに移し、現地の従業員を使うことで国際競争力を得ているが、それでは、日本が空洞化する。ある程度体力が残っているうちに、日本ならではの「ものづくり技術」を開発していきたい」と。

　このような見識のある経営者を積極的に応援していくことが、産官学の使命ではないでしょうか。

9.6. 大学の使命

　しかし、世界が簡単にまねのできない技術と口では言っても、それを実際に実行に移すのはそれほど簡単ではありません。

　大学の学長として強く思うのは、いまこそ、中小企業と大学がタッグを組んで、技術開発にあたることが急務であるということです。

　日本の中小企業には、ノウハウも含めて、高い技術力が蓄積されていますが、その多くは、残念ながら眠っている状態であり、必ずしも、有効活用されているとは言いがたいのです。その理由はいくつかありますが、主なものを挙げると次のようになります。

1. 元請けとのつながりが強すぎたため、自分たちの技術の重要性に気づいていない。また、その技術がいろいろな分野へ転用可能ということにも気づいていない。
2. ノウハウや長年の勘に頼って技術開発を進めてきたが、十分な科学的根拠に基づいたものではない。
3. 経営環境の厳しい中で、なかなか後継者が育っていない、あるいは、後継者が事業を継ぐことを躊躇している。

　これら課題は、中小企業だけで解決しようと思っても、なかなかうまくくものではありません。しかし、いずれの課題も、大学との連携で解決可能と考えられます。

　1については、もはや元請けとの主従関係は解消されています。むしろ、ビジネスチャンスを多方面に拡げるべきであり、そのためには、大学教員が持っているチャンネルを有効利用すべきです。

　2については、まさに、大学が有する高度な分析技術を活用すべきと考えます。本学が行っている共同研究においても、中小企業が開発した加工技術の有効性が分解能の高い電子顕微鏡で観察することで実証されたという事例があります。その社長は、大変喜ぶとともに、自分たちの技術に自信を深めていました。

　3については、後継者を身内だけに求める時代ではないと思います。日本全体では、いわゆる大企業は全体の0.3%にしかすぎません。いま、新卒の多くは、ここに集中しています。まさにミスマッチなのです。優良な中小企

業に人材を送り出すのも大学の使命と考えています。ただし、その場合には、大学が自信をもって推薦できるところでなければなりません。

　私のテーマは超電導体です。その応用開発のなかで、酸化物（セラミックス）であり、硬く脆い超電導体を数多く並べる必要が出たのです。そのためには、超電導体を精度よく寸法をそろえる必要があります。しかし、加工をしてくれるところが見つかりません。大手企業に問い合わせたところ、1個あたり10万円かかると言われました。かなり高いとは思いましたが、当時は、予算に恵まれていましたので、お願いすることにしました。ところが、加工が難しいと連絡が来て、やきもきしました。それでも、何とか締め切りに間に合わせることができました。ところが、その後、中野にある町工場ならば、やってくれるのではないかという情報が寄せられたのです。見積もりをお願いしたところ、なんと1個あたり5千円です。試作品もまったく問題ありませんでした。どんな加工しているのだろうと、工場を訪れ、現場を見せてほしいとお願いしましたが、それは叶いませんでした。このように、世に知られていないすごい技術が町工場には眠っているのです。

9.7. 江戸っ子1号

　ここで、私の思いが具体的に実現された例として「江戸っ子1号」プロジェクトを紹介したいと思います。このプロジェクトは、厳しい状況に置かれた中小企業の「下請け体質からの脱却」や「町工場に眠る技術の継承」を目的として始まったものです。上にも書きましたように、町工場には貴重な技術が眠っています。

　このプロジェクトは、杉野ゴム化学工業所の杉野行雄社長の発案で2009年にスタートしました。日本の海底には、メタンハイドレイドやレアアースなどの貴重な鉱物資源が眠っています。杉野社長は、下町の力で、それを探索する深海挺を作れないかと思ったのです。大阪の下町工場がつくった人工衛星の「まいど1号」の成功に刺激をうけ、大阪が宇宙ならば、東京は深海

でというライバル意識もあったと聞きます。

　杉野社長は、東京東信用金庫の支店長と話す機会があったとき、試しに「深海探査機を作ってみたい」と打ち明けてみたそうです。すると「中小企業を取り巻く沈んだ雰囲気を吹き飛ばすにはよい計画」と支店長も大いに賛同してくれたのことです。このふたりは立派です。どちらかがあきらめれば、このプロジェクトは成功しませんでした。また、産学連携に積極的であった渋谷哲一理事長（当時）の支援も大きかったと思います

　そして支店長から「この人に相談してみたら」と紹介されたのが、桂川正巳氏でした。桂川氏は、芝浦工大のコーディネーターをしていて、東京東信用金庫と共同で、中小企業から寄せられる技術的な相談に応える専門家でした。私は、この素晴らしい人物に話が寄せられたことが、このプロジェクトが成功したもうひとつの鍵であったと思います。

　桂川氏は、芝浦工大と、海洋開発の専門家が多い東京海洋大にも協力を取りつけました。このような新しいプロジェクトには大学を巻き込むことが大切です。学生も参加すると、プロジェクトに希望と活気を与えます。

写真 9-1　深海 8000m 到達に成功したときの研究チーム

多くの芝浦工大の学生が参加しています。

　また、桂川氏は、海洋研究開発機構（JAMSTEC）の協力も取り付けることに成功します。当時の理事長が、大学時代の友人ということでした。東京東信用金庫が主催する若手経営者の会の会長を務めていた浜野製作所の浜野慶一社長も参加しました。彼は、アイデアマンであり、産学連携の経験もある有名人です。この話にもすぐに参加を表明してくれたようです。

　大学も企業も、組織もそうですが、なにか事を始めるときに成功する鍵は「ひと」につきます。キーマンがそろったのです。

　しかし、深海挺の開発は簡単ではありませんでした。このとき、JAMSTECの研究者が30年前にガラス球を用いて、海底のカメラ撮影を行った事例を紹介してくれたのです。これをきっかけに、ガラス球の中にカメラやセンサーなどを搭載したものを深海に沈めるというアイデアが固まります。そして、パール技研、ツクモ電子工業、バキュームモールド工業が参加を表明しました。

　当時、芝浦工大のまとめ役をしていた戸澤幸一教授は、「喧嘩まがいの喧々諤々の討論が重ねられたが、その後の飲み会でムードは氷解した。さすが、下町」と感心していました。

　ところで、ガラス球を深海に沈めるというアイデアは、分かりやすいです。しかし、少し考えれば分かりますが、深海では、ものすごい力が働きます。ガラス球は割れてしまう可能性があります。そこで、開発チームは、海外で実績のある企業に助けを求めようとしました。しかし、これでは「江戸っ子」ではありません。日本にも技術をもった企業があるはず。そして、ここで、参加したのが岡本硝子です。これでメインプレーヤーが揃いました。

　そして、学生を巻き込んだプロジェクトが進行していきます。そして、ついに、2015年に深海8000mに到達し、**写真9-2**に示すように、深海魚の撮影にも成功します。

　このプロジェクトの素晴らしさは、まず、東京の中小企業と大学との連携であったこと、さらに、そこに多くの芝浦工大の学生が参加し、貴重な体験をしてくれたこと、そして、何より、中小企業が有するポテンシャルを世に

写真 9-2　江戸っ子 1 号が捉えた 8000, の深海に生息する魚群の写真

示せたことと思っています。

　そして、何より嬉しかったのは、このプロジェクトに参加した学生が、大企業の内定を蹴ってまで、参加企業に就職を決めたことでした。彼は、「内定をもらった大企業では、自分が何をするか見えなかったです。ですが、このプロジェクトに参加した企業は、自分を一人前として扱っていただきました。さらに社長をはじめとする幹部の方々とも付き合うことができました。自分を活かせる職場と思い、就職を決めました」と言ってくれたのです。

　芝浦工業大学は日経 400 社への就職のことを重要視しているという話をしました。しかし、それは、あくまでも本人がそういう企業への就職を希望した場合、それを叶えたいという意味です。自分の将来設計をきちんと考えたうえで、中小企業に就職してくれるのであれば、それも学長として歓迎することです。今回、このプロジェクトに参加した学生が、参加チームの企業に就職してくれたことは、江戸っ子 1 号プロジェクトの何よりの成果と喜んでいます。

第 10 章　情報公表と IR

　大学の情報を広く世の中に公表する。社会の公器としての大学ならば、ごく当たり前のことと思われますが、実は、大学の情報公開（disclosure）に関しては、特に、私立大学において、かなり慎重な意見もありました。よく言われるのは「数字のひとり歩き」です。例えば、大学の中退率が発表されたとしましょう。しかし、退学にはいろいろな要因があります。自分のキャリアを考えて別の進路に進もうとする前向きなもの、家庭の事情によるもの、経済的なもの、勉強についていけないものなど、さまざまです。これを単に退学率という数字で発表されたのでは、いらぬ誤解を生むというのです。

　この意見にも納得できます。一方で、大学進学を希望する高校生や、その保護者から見たら、大学の情報はできるだけ詳細かつ正確なものが欲しいはずです。逆に、情報を隠すと、公表したくないことがあるのだと勘ぐられるでしょう。芝浦工大では、不利な情報であっても積極的に公開するということを基本方針としています。もし、公開がためらわれる情報があるのであれば、教職協働でそれを積極的に是正すればよいだけのこととも言っています。

10.1. 情報公表

　1999 年に大学設置基準の改正があり、大学は教育研究活動等の状況について積極的に提供する義務があると規定されました。ただし、罰則があったわけではありません。国立大学は、2003 年の法人化以降、教員の業績や外

部予算の獲得額など、評価情報を収集する部署を設立し、情報公開に備えていました。2004 年には学校教育法が改正され、認証評価制度が実施されるとともに、評価内容の公表が義務化されたのです。

アメリカでは、2007 年に College Portrait の運営が始まりました[1]。297 の公立大学が参加し、共通のフォーマットを使って大学情報を提供するものです。その目的として以下のものが掲げられています。

The College Portrait is a source of basic, comparable information designed for anyone to learn more about public 4-year colleges and universities.

「カレッジ・ポートレートは、公立の 4 年制大学に関して知るために、誰もがアクセスできる基本かつ比較可能な情報を提供する」としています。anyone には、大学進学希望者ならびに保護者、地域住民、政策責任者（policy makers）などが含まれ、あらゆる角度から大学を比較検証できるものとしています。内容は、「在学生の特徴」「学費や寮費」「奨学金などの経済的支援」「学べる学問分野」「修得できる資格」「卒業後の進路」など、かなり充実しています。州立大学では、州の金銭的支援が必要となるため、政策関係者にも訴える内容となっています。

日本では、アメリカの大学は「入りやすく出にくい」ということが喧伝されています。日本はその逆ということもよく言われます。しかし、州政府とすれば、貴重な税金を使って大学を支援しているのに、卒業率が低いとしたらどうでしょうか。それは、州から見れば「学士」を育てられないダメな大学という評価となるのです。アメリカは日本以上に資格に厳しい国です。大卒という肩書は就職を含めてキャリア形成において、とても重要視されています。大学は、しっかりした教育を行い、学生を育成して、卒業させることが使命です。アメリカの大学であっても、卒業できないのは学生の自己責任として見放しているわけではないのです。

このように情報公開によって、それまで見えなかったことが明らかになる

1　College portrait のウェブサイドは、誰でも自由に参照できます。

ことも多いのです。国立大学も私立大学も国の税金が投入されています。い
ずれ、日本においても、大学の教育情報公開が求められることは明らかでし
た。そして、2011 年に学校教育法施行規則の一部が改正され、教育情報の
公表が義務化されたのです。明記されたのは以下の 9 項目です。

表 10-1　2011 年に義務化された教育情報

(1) 大学の教育研究上の目的に関すること
(2) 教育研究上の基本組織に関すること
(3) 教員組織、教員の数並びに各教員が有する学位及び業績に関すること
(4) 入学者に関する受入方針及び入学者の数、収容定員及び在学する学生の数、卒業又は修了した者の数並びに進学者数及び就職者数その他進学及び就職等の状況に関すること
(5) 授業科目、授業の方法及び内容並びに年間の授業の計画に関すること
(6) 学修の成果に係る評価及び卒業又は修了の認定に当たっての基準に関すること
(7) 校地、校舎等の施設及び設備その他の学生の教育研究環境に関すること
(8) 授業料、入学料その他の大学が徴収する費用に関すること
(9) 大学が行う学生の修学、進路選択及び心身の健康等に係る支援に関すること

　さらに、義務ではありませんが、「大学は教育上の目的に応じ学生が修得
すべき知識及び能力に関する情報を積極的に公表するよう努める」とする旨
が付記されています。ただし、大学において修得すべき学士力は、世界標
準として整備もされています。工学分野においては、日本技術者認定機構
(JABEE) によって規定されていることも紹介しました。
　また、「情報の公表は、適切な体制を整えた上で、刊行物への掲載、インター
ネットの利用その他広く周知を図ることができる方法によって行うものとす
る」という注釈も付いています。
　これを受けて、日本においても、アメリカの College portrait に準じた大学
ポートレート構想が打ち出され、2012 年には準備委員会が立ち上がります。
そして、大学情報を公開するポータルサイトとして、2015 年から国公私立
大学の大学ポートレート (Japanese College and University Portraits) の運用が開始さ

れたのです。国公私立の大学・短期大学900校以上が参加しています。大学・短期大学ごとに、「教育上の目的等」「入試」「進路」「教員」「キャンパス」「学部・研究科等の特色」「教育課程（カリキュラム）」「学費・奨学金等」「学生」の情報が載っています。

　一方、一部の私立大学から、多額の国費が投入されている国立大学と同じ土俵で情報公表するのは不当ではないかと反対の声も上がりました。さらに、私学には国公立にはない多種多様な特徴があるというプラスの面もあります。これに配慮したかたちで、日本私立学校振興共済事業団が、大学ポートレート（私学版）を公開しています。

　大学ポートレートは、かなり充実してきましたが、必要とされる情報が、すべて載っているわけではありません。芝浦工大では、大学ポートレートだけでなく、ウェブサイトに積極的に、教育研究から、財務状況などを含む様々な情報を載せています。ただし、いまだに情報公表に積極的な大学と、そうでない大学に分かれているのも事実と思います。

10. 2. 芝浦工大の IR

　大学運営の要である教職協働を進める基盤のひとつとして、学長として、"culture of evidence" を掲げていることはすでに紹介しました。エビデンス（evidence）に基づく意思決定（decision making）は、大学に限らず、企業を含めたあらゆる組織に必要とされます。そのためには、大学の情報を収集する組織が必要となります。

　2008年に私が副学長に就いたとき、学長の柘植先生から、芝浦工大も IR（institutional research）の整備をしたいという要請を受けました。学長として、大学の経営や教学関連データについて知る必要があるからです。ただし、人員の制約もあり、芝浦工大で、いきなり IR室を整備することは難しい状況でした。そこで、学長直下の大学企画室にその機能を持たせることにしました。そして、副学長の私が責任者となり、情報収集に努めることにしたのです。

学長とも相談しながら、どのような情報が必要かを整理し、企画室が中心となって各部署に情報の整理と提供をお願いしました。しかも、これは部署から部署への依頼ではなく、「学長からの直接の依頼」という体裁をとりました。集めた情報は、企画室が整理し、学長室において報告し、学部長を通して教授会で共有しました。

　基本的には、7 年ごとにある大学認証評価に必要なデータを毎年収集すること、同時に大学、学部、学科で行っている自己点検評価に必要なデータを大学として収集することのふたつがメインでした。

　現在は教育イノベーション推進センターに IR 部門を設置し、情報収集と情報分析を行っています。ただし、あくまでも IR の責任者は学長としています。情報は集めるだけでは意味はありません。それをどのように利用するかが重要となります。

　例えば、本学は全国の国公私立 60 大学（国立 9 大学、公立 8 大学、私立 43 大学）が参加する「大学 IR コンソーシアム」に加盟しています。このコンソーシアムでは、全国の会員大学の学生調査をしていますので、自大学の強みや課題が、データから可視化できるのです。例えば、学生満足度調査や学修時間などの比較は、大変、参考になり、大学改革に活かすことができました。また、他大学との比較を教職員に示すことで、芝浦工大のベンチマークとなります。「この点は、本学が劣っているのだから、教職協働で改善していきましょう」と言えば、みんなが、納得してくれます。

　IR 情報は、多くの教職員が共有して、認識をひとつにすることも大切です。かつての教授会のように、教員それぞれが、数値データではなく、自分の思い込みをもとに議論することは避けなければなりません。

　そして、芝浦工大では、IR 情報は、学長が大学運営を円滑に進め、さらに、大学改革を推進するために必要なものと位置付けています。

10. 3. IR の定義

Institutional Research の定義は、いろいろあります。いまだに、英語が使われているのは、日本に定着していないからという指摘もありますが、「機関研究」という直訳ではしっくりきません。

実は、専門家の間でも、はっきりとした定義が決まっていないようなのです。「IR は多義的な概念であり、米国でも必ずしも一貫した厳密な定義が存在するわけではない。部署の構成や業務内容は大学の属性によって異なるうえ、データ収集から戦略策定まで広範囲にわたる活動である」とされています[2]。しかも現在も発展中というのです。IR に下手な日本語訳をつけるのは得策でないことが分かります。ただし、この説明は、腑に落ちます。

浅野茂先生[3]によれば、「特定の目的に沿って情報を収集し、それらを加工・統合して分析し計画立案や意思決定を支援するために展開される活動の総称」とされています。また、広く世の中に浸透しているのは Saupe（1990）[4] による "Institutional Research as decision report" であり、「機関の計画策定、政策形成、そして意思決定を支援する情報を提供するために、高等教育機関内で行われる調査研究」という解釈です。

先ほども言いましたが、情報を集めるだけでは意味がありません。世の中には、情報があふれています。大学においても、情報はやまのようにあります。問題は、信頼できるデータとして情報を処理したうえで、それをどのように活かすかにあります。ここで、私が学長として、どのように IR を利用したかを少し説明したいと思います。

2　小林雅之、山田礼子編著「大学の IR 意思決定支援のための情報収集と分析」慶應義塾大学出版会 (2016)

3　浅野茂　中央教育審議会　教学マネジメント特別委員会第 8 回資料　2019 年 8 月

4　J. L. Saupe: The function of Institutional Research, Association for Institutional Research

10. 4. 世界大学ランキング

　私が、学長として IR を利用したのは、大学として何か新しいことをしようとしたときのベンチマーキングでした。例えば、世界大学ランキングを例に出しましょう。

　2012 年に学長就任と同時に、世界大学ランキング入りを考えました。しかし、多くの教員はあまり興味を示しませんでした。日本の大学にとっては偏差値がなじみがあり、大学志願者や保護者は、それを指標としています。ただし、グローバル化を視野に入れた場合、重要な指標となるのです。当時としては、QS と THE のふたつの機関が世界的に有名でした。そこで、これら世界大学ランキングに注目し、内容についても調査しました。大学企画室とともに、関係機関にヒアリングも行いました。

　調査の結果、2012 年の QS アジア大学ランキングが分かりました。**表 10-2**に示します。残念ながら、芝浦工大は入っていません。ここで、注目すべき

表 10-2　2012 年 QS アジア大学ランキング

8	東京大学		113	ITB	Indonesia
9	浦項工業大学	韓国	117	豊田工業大学	
10	京都大学		130	埼玉大学	
11	大阪大学		132	奈良女子大学	
13	東京工業大学		139	東海大学	
14	東北大学		151-160	京都工繊大学	
16	延世大学	韓国	161-170	近畿大学	
18	名古屋大学		161-170	KMUTT	Thailand
30	慶応義塾大学		191-200	九州工業大学	
32	筑波大学		251-300	東京電機大学	
42	早稲田大学		251-300	国際教養大学	
73	東京理科大学		301+	工学院大学	
74	UTM	Malaysia	301+	東京都市大学	
80	東京農工大学		301+	金沢工業大学	

は、仲間の理工系大学である東京電機大学、工学院大学、東京都市大学、金沢工業大学、東京理科大学がランクインしていることです。また、本学が主導して形成した東南アジア工科系大学コンソーシアム（SEATUC: Southeast Asian Technical Universities Consortium）のメンバーである UTM （マレーシア工科大学）、ITB（バンドン工科大学）、KMUTT（キングモンクット工科大学トンブリ校）のメンバーもランクインしています。

　この結果には多くの教職員がショックを受けたようです。本学は、四工大[5]でも上位に位置すると豪語していた教員や職員が居ましたが、このランキングでは、芝浦工大だけが入っていないのです。また、本学は、SEATUC メンバーから博士課程に留学生を招へいし、博士号を授与するというプログラムを主導していました。彼らは、博士取得後は、母校の教員に赴任します。ところが、博士学生を送り込んでいる大学がランクインし、それを受け入れる芝浦工大が入っていないのです。

　外部機関などにも依頼して、なぜランキングに入っていないかを調査しました。ひとつは論文数が十分ではないことです。当時は、年間 100 報程度でした。また、アジアの大学の中での評判調査も高くないという結果です。アジア地域で積極的にグローバル化を進めていたはずなのに、結果として表れていないのです。

　このランキング表を見て、多くの教職員は、このままではいけないという強い危機感を持ったと思います。大学としても、ランキング入りを目指す。その合意がとれたのです。その後の本学の躍進は、すでに紹介した通りです。

　このように、IR を利用した分析により、ライバル大学とベンチマーキングをすることで、教職員の改革意識（いまのままではいけないという意識）を喚起することができます。大学改革が必要な場合に、うまく利用できる手法と考えています。

　そこで、日本を代表する工科系大学と工大サミットを組織しました。福岡

5　「しこうだい」あるいは「よんこうだい」と読みます。都内に位置する歴史のある工科系大学で工学院大、東京電機大、東京都市大、芝浦工大の四大学です。

工業大学、広島工業大学、大阪工業大学、愛知工業大学、福井工業大学、神奈川工科大学、東北工業大学が仲間です。IR を利用したベンチマーキングも行い、よきライバル関係になるとともに、工科系大学のブランド力アップも狙った試みです。毎年、一回シンポジウムも開催しており、学生も巻き込んだ交流となっています。

10.5. 学内ベンチマーキング

IR は学内のベンチマーキングにも利用しています。これは、大学が進める施策に関して、その成果をデータとして開示し、学部間あるいは学科間の競争を促すというものです。私は、学内においてもライバル意識をもって、互いに高めあうことは、とても重要なことと考えています。

例として、TOEIC スコアを紹介します。大学では、学生の目標値を 550 点に設定しています。そして、学部、学科ごとの平均値を教授会で年に何回か報告しています。**表 10-3** は 2017 年に卒業した学生の入学時から卒業するまでの平均スコアの推移です。

この結果をみると、入学時には工学部が 375 点と高いですが、卒業時には、デザイン工学部が 487 点と最も高くなっていることが分かります。また、システム理工学部は、成績は伸びてはいますが、他学部に比べて低迷ぎみでした。ただし、学長として、学部間の差に関しては言及はしません。言わなくとも、理工系の大学ですので、教員は、このデータの意味がよく分かっているからです。私からは、大学に入った学生の英語力が着実に向上しているこ

表 10-3　2017 年卒業生の学部ごとの TOEIC スコアの年度推移

	入学時	1 年次	2 年次	3 年次	卒業時
工学部	375	399	418	444	458
システム理工学部	332	359	364	400	414
デザイン工学部	358	449	470	479	487

表 10-4　2018 年卒業生の学部ごとの TOEIC スコアの年度推移

	入学時	1 年次	2 年次	3 年次	卒業時
工学部	369	402	422	451	466
システム理工学部	356	369	422	432	461
デザイン工学部	383	462	485	505	512

とを指摘し、これは大学の英語教育がうまく機能している証左であるとして感謝の言葉を述べました。

　それから 1 年後の 2018 年卒業生の結果を**表 10-4** に示します。入学時の成績はそれほど変わりませんが、デザイン工学部は 400 点に迫る勢いです。また、全学部とも、その後の伸びは大きいです。デザイン工学部は卒業時には 500 点を超しました。これは、素晴らしい成果です。また、システム理工学部が健闘していることも分かります。やはり、ライバル意識は働きます。他学部ががんばっているならば、自分達も頑張らないといけないという気持ちになるのです。これが、まさに学内ベンチマーキングです。

　さらに、1 年後の 2019 年卒業生の結果を**表 10-5** に示します。まず、入学時の平均スコアが伸びています。学生たちは、2016 年入学ですので、2014 年のスーパーグローバル大学採択から 2 年が経過していますので、その効果が入学者動向に表れたとも解釈できます。ただし、400 点には達していません。また、学年進行とともに、成績が上昇しているのも同じです。また、デザイン工学部が、最高の 518 点を記録していますが、工学部とシステム理工学も 500 点近くまで平均点が達しており、善戦しています。

表 10-5　2019 年卒業生の学部ごとの TOEIC スコアの年度推移

	入学時	1 年次	2 年次	3 年次	卒業時
工学部	399	415	434	464	485
システム理工学部	398	414	424	457	480
デザイン工学部	396	475	502	513	518

表 10-6　2019 年度 TOEIC 達成率 (%)

1	デザイン工学科	41
2	生命科学科	39
3	建築学科	38
4	機械工学科	37
5	情報工学科	36

　このようなかたちでデータを開示することで、まず、各学部の努力の成果をデータとして示すことができます。そのうえで、学部学科間の競争を促せば、大学全体としてよりよい方向に進むことができるのです。これは、IR の力ではないでしょうか。

　もちろん、学科ごとのベンチマーキングも可能です。**表 10-6** は、2019 年度に TOEIC550 点以上を達成した学生割合を学科ごとに提示したものです。

　ここでは、上位 5 学科のデータを示していますが、実際には全学科のデータを示して教授会で報告しています。つまり、トップの学科からビリの学科までのデータをすべての教職員が目にするのです。

　上位の学科は、さらに達成率の上昇を目指しますし、下位の学科は、自分たちも頑張らないといけないと思います。実は、このデータは学生も見ることができます。

　第 4 章のグローバルで紹介しましたが、学科が実施しているグローバル PBL についても、すべての学科の実施状況を教授会で開示しています。学内での競争意識を高めることも大学の発展のためには重要と考えています。

第 11 章　コロナが変える大学教育

　コロナウィルス感染は、世界中に大きな影響を与えています。国際的な人やモノの移動が制限を受けたことで、世界経済に与える影響も深刻です。その本格的な影響は、今後さらに、顕在化するものと思われます。

　大学をはじめとする教育機関もコロナ禍によって、大きな影響を受けています。2020 年度前期は、ほとんどの大学がオンライン授業を実施しました。また、人的移動を伴う国際交流はほぼ停止しています。ただし、コロナ禍の影響で、従来なかなか進められなかった教育改革が進んでいるのも確かです。

　実は、遠隔授業（distant learning）と IT（information technology）やデジタル機器を利用した e-learning の推進は、芝浦工大にとって、長年の懸案事項でした。本学は、大宮、豊洲、芝浦の 3 キャンパスがあります。工学部は、1, 2 年生が大宮、3, 4 年生が豊洲キャンパスで過ごします。このため、教員は、研究室のある豊洲キャンパスから、授業をするために、大宮キャンパスまで時間をかけて出かけていたのです。本学は、電話回線を使った遠隔会議システムを 2000 年ぐらいから導入していました。このシステムを使えば、豊洲から大宮の教室に遠隔で授業を配信することが可能となります。しかし、授業中に通信トラブルが起きたときの対処をどうするかなどが議論となり、実現には至りませんでした。教室だけでの授業ならば、教員ひとりですみますが、遠隔授業となると、それぞれの場所に人員を配置しなければならないこともネックとなりました。ところが、コロナ禍のなか、オンライン授業がいっきに全学に浸透したのです。これは、平常時にはできなかった劇的な変化です。

　この結果、学生は、それまで履修の難しかった他のキャンパスの授業をとることが可能となります。教員も授業のためだけに移動する必要がなくなります。教授会のために、一堂が集まる必要もありません。外出していてもインターネットに接続できればどこからでも会議に参加できるので、出席率も高くなります。

11. 1. オンライン学会

　実は、多くの教員がオンライン授業を抵抗なく実施できたのは、学会のオンライン化も背景にあります。ちょうどコロナが蔓延しだした2月から3月は、学会シーズンでした。しかし、三密を避けるため、大勢が一堂に会する会議は避けなければなりません。このため、多くの学会がオンラインでの開催に移行したのです。最初は、学会メンバーで遠隔ミーティングに詳しい有志が音頭をとって計画し、小さな打ち合わせから始まりました。すると、思いのほか簡単で、しかもスムーズに進行できることが分かったのです。このため、学会もオンライン開催が可能という感触を多くのメンバーが得たのです。これが口コミで広がり、多くの学会がオンラインで開催されることになりました。教員の多くは、学会発表を経験していますので、否応なしに、オンライン会議を経験することになったのです。

11. 2. オンライン国際会議

　さらに、人的移動が制限されたことから、多くの国際会議もオンラインで開催されることになりました。少々のトラブルはありましたが、通常の会議でもそんなにスムースには進みません。また、質問がチャット（chat）に入れられるため、大変便利となりました。実は、国際会議の公用語は英語ですが、国の数以上に英語の種類があると言われています。日本人の英語 (Japanese English) は Japangrish と揶揄されます。"l" ではなく "r" となっているのは、日

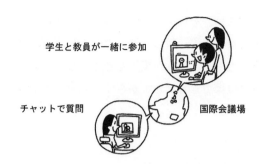

学生と教員が一緒に参加

チャットで質問

国際会議場

図 11-1　オンライン国際会議。いつでもどこからでも参加が可能

本人がlとrの区別がつけられないからです。国際会議にはいろいろな国の
ひとが参加します。そこで、アクセントの強い英語で質問されると、多くの
日本人は立ち往生します。しかし、"Written English has no accent." です[1]。つ
まり、書いた英語にはアクセントがありません。誰にでも通じます。ですの
で、chat に質問を書いてくれれば、質疑の時間も有効に使えますし、議論も
活発化します。これは、私も気づかなかった利点でした。

　この結果、新学期の授業が始まる前に、多くの教員はオンライン会議を経
験したのです。また、その利点についても気づくことになりました。そのお
陰で、オンライン授業にスムーズに移行できたのです。

11. 3. オンライン授業

　本学がオンライン授業をスムースに進められた背景には、2014 年から始
めた AP 事業による学習管理システム（LMS: learning management system）の整備
があります。第 2 章で紹介したように、LMS は、もともとネット環境を利
用して、教育に必要な教材やテストの作成、レポート提出や成績データの集

1　マサチューセッツ工科大学（MIT）にはネイティブではない教員が多く、米国人学生から講
　義が聞き取れないと苦情が頻出するそうです。その際、大学側が non-native 教員向けのアド
　バイスに使った言葉です。

計などを可能とするシステムです。まさに、オンライン授業との親和性が高いシステムなのです。この導入が進んでいたおかげで、芝浦工大は、授業のオンライン配信に移行できました。ここで、オンライン授業について紹介したいと思います。大きくは、つぎの3種類に分類できます。

① リアルタイムのオンライン配信授業

　Zoom, Cisco Webex, Teams, Google Meet などの遠隔会議ソフトを使って、教員がリアルタイムで授業を配信します。学生は、自宅などネット環境がある場所なら、どこからでも視聴できます。質問は音声ならびにチャットを使うことで自由に行えます。

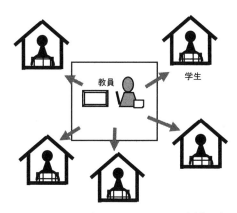

図 11-2　リアルタイムのオンライン授業配信

教員は遠隔会議ソフトを使って、個々の学生に授業を配信します。

② オンデマンド方式

　あらかじめ教員が授業をビデオ収録したり、講義資料を用意し、それをLMS にアップします。MOOC などの教材を利用する場合もあります。学生は好きな時間に LMS にアクセスして、講義などを視聴し、そのうえで教員から与えられた課題や小テストなどに取り組みます。

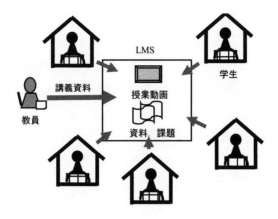

図 11-3　オンデマンド方式

教員は授業などを録画し、資料や課題とともに LMS にアップする。学生は好きな時間にアクセスし講義を視聴したうえで課題を提出します。

③　反転授業

　あらかじめ教員が用意した動画コンテンツや資料を学生が事前に学習したうえで、遠隔会議ソフトを使って、リアルタイムで教員と一緒に問題解決やディスカッションを行う方式のオンライン授業です。これは、方式①と②の組合せと言えます。

　コロナ禍が生じる以前に一般に提唱されている反転授業（flipped classroom）では、教員と学生のインタラクションは、対面授業で行うのが通常でした。

　今回のコロナ対応においては、①のリアルタイム配信と、②のオンデマンド方式が主流であったと思います。特に、②については、授業収録ではなく、プリントを配って課題を出すだけの授業もあり、マスコミの非難を受けることになりました。一方で、学生にとって好評なオンデマンド授業もあります。それは、収録した講義内容が分かりやすいことが基本ですが、オンデマンドでは時間と場所を選びません。学生の都合で視聴できます。また、早送りが可能であるため、自分が分かりにくいところを繰り返し確認できます。それ

でも分からないときは、教員に聞けばよいのです。

　①のリアルタイム配信についても、その良し悪しは教員による個人差が大きいと言われています。しかし、教室では板書やプレゼン画面などが、遠くからは見えにくかったものが、手元の画面で視聴できるため、分かりやすいと評判です。また、板書の字が判別しにくい先生の講義でも、パワーポイント資料ならば問題ありません。さらに、授業をレコーディングしておけば、後から何度も確認もできます。なにより、学生にとっては、通学時間がないというのが大きいメリットとされています。

　一方で、多くの学生から課題が多すぎるという不満の声が聞かれます。オンライン授業になってから、先生たちは、なんとか教育の質を保とうと、対面授業よりも多くの課題を出す傾向があるようなのです。

　ただし、履修科目数が明らかに多すぎる学生がいるのも確かです。すでに紹介したように、4年で卒業に必要な単位は124単位です。1年で31単位、半期ならば16単位8科目です。1日2科目で十分なのです。そこで、しっかり課題を含めた予習復習をすれば実力もつきます。ところが1日に4科目以上履修している学生もいると聞きます。これでは、手が回りません。課題が多いと感じるのも当然ではないでしょうか。適正な科目数を履修することも大切です。

　この履修科目数の適正化は多くの大学で課題となっています。キャップ制と言われますが、半期あるいは一年で履修できる科目数を限定する大学が多いです。半期で20単位、一年で40単位とすることが求められています。1単位に必要な学習時間は、予習復習も入れて45時間です。1科目2単位ならば、90時間の学習が必要となります。この基準に則った学習をしていれば、履修可能な科目数はおのずと限定されます。オンライン授業を機に、この点が改善されることを期待しています。

11.4. マスコミからの批判

オンライン授業に関しては、マスコミからの非難が殺到しています。この
ままでは通信制大学となんら変わらないという指摘もあります。実は、海外
でも事情は同じようです。ここで、オンライン教育に関する誤解に基づく非
難の例を挙げてみましょう。海外では、このような誤解を myth と呼んでい
ます。myth とは、もともと神話という意味ですが、それが転じて、根拠の
ない噂話という意味になっています。今回、海外を含めて騒がれているもの
を紹介すると以下のようになります。

Myth1 : The quality of classes is lower.

教育の質は低下する

Myth2: The quality of outcomes is less.

学修成果は低くなる

Myth3: Online teaching will reduce the burden on faculty.

オンライン授業は、教員の負担を軽減している

Myth4: Online students cannot interact with instructors or other students.

オンライン授業では、学生は教員や他の学生と交流できない

Myth5: Grading will not be fair, since cheating is more common in online courses.

オンライン授業では、カンニングが横行するので、対面授業に比べると成
績評価が公正ではない。

いかがでしょうか。まず、Myths1, 2 の指摘についてですが、実は、多く
の教員はオンライン授業でも教育の質を保証し、学修成果も高めようと、日々
努力をしています。学生アンケートでも、オンライン授業を評価するという
声が多いのも事実です。Myth3 の教員負担はむしろ増えているのが現実です。
Myth4 についても誤解があります。リアルタイムの授業では、常にインタラ
クティブです。例えば、デザインや設計の演習の授業などでは、学生のデザ

インに教員が直接修正を加えて指導することも可能となっています。さらに、対面授業では学生ひとりの質問にしか対応できませんが、チャット機能を使えば、一度に多くの質問を受け付けられます。時間内に処理できない場合には、後から解答することも可能ですし、他の学生も質問を読むことができますので、自分たちの参考にもなります。

　Myth5 については、試験時の監視体制のことを言っているようです。監視に関しては、いろいろな手法があります。本人確認は第一歩です。そのうえで、監視用のカメラを用意したり、AI が試験者の操作やログ状況を監視するシステムも開発されています。ただし、結構手間もかかります。

　そこで、ある教員は、すべての資料を閲覧可として試験を実施したそうです。ネットにつなぐことも可とします。ただし、時間制限つきです。その結果、まじめに授業を受けている学生の成績が良かったと聞いています。授業に出ていなければ、限られた時間内に、どの資料を閲覧してよいかが分からないからです。この方式が、いちばん簡単で効果的かもしれません。社会に出て問題解決する際は、すべての情報にアクセスすることができます。そのうえで、いかに解決策を出すかが問われますので、その実地訓練にもなるでしょう。

　このように、形式的な対面授業より、オンラインでは、はるかに創意工夫にあふれた授業を実施しているケースが多いのではないでしょうか。つまり、多くの教員の負荷は増えているのです。

　ただし、コロナ禍での緊急対応のため、プリントを渡すだけの授業もあったと聞きます。教員全員がオンラインにうまく対応できるわけではありません。批判する側は、このような事例を取り上げて問題視しているのです。批判することは簡単です。しかし、オンライン授業の良い側面を認め、いままでのステレオタイプの教育を変えていくことも重要ではないでしょうか。

11. 5. ブレンド型学習

2010 年ごろから、対面授業とオンライン授業を組み合わせたブレンド型学習（blended learning）が、アクティブラーニングの手法として注目を集めてきました。

学生は、オンラインを利用して、授業前に、収録された講義を視聴するとともに、課題などに取り組みます。その後の対面授業では、教師と一緒に問題を解いたり、議論をするという学習法です。この形式の授業を反転授業（flipped classroom）と呼ぶこともあります。コロナ禍のもとでのオンライン授業では、予習がオンラインを利用した自主学修、また、対面授業のところはリアルタイム授業に置き換わります。

一方、教室で学生を前にした対面授業をしながら、他の学生が、同時にオンラインで授業を視聴することも可能です。対面、オンライン両方ともライブで同じ講義を受ける方式です。こちらは、ハイブリッド授業（hybrid classroom）と呼ばれます。

オンライン授業に関しては、当初は不安もありましたが、教員も学生もうまく対応してくれ、その良い面も理解できるようになりました。一方で、対面授業の優れた面ももちろんあります。教員と学生の直接的なやり取りや、学生どうしが議論したり、互いに教え合う機会も教育にとっては、とても重要だからです。よって、ポストコロナの時代は、オンライン授業と対面授業をうまく組み合わせた併用型授業が主流になると思われます。

さらに、ブレンド型学習では、時間外学修時間の把握も可能となりますので、1 単位の授与に必要な 45 時間の学習時間の確保という観点からも好ましい授業方法となります。

11. 6. バーチャル国際交流

コロナの影響で、多くの留学生が帰国を余儀なくされました。研究室の学生

も同様です。そこで、芝浦工大では、研究室ゼミや、研究室発表会をオンラインで実施しました。例えば、日本とサウジアラビア、タイを遠隔ソフトでつなぐことで、まったく問題なく技術討論ができたと報告がありました。時差などの問題はありますが、対面のゼミと変わらない討論ができたということです。

　いまでは、オンラインで国際会議が当たり前に開催されています。オンラインであれば、海外の開催地まで時間と旅費をかけて出かける必要がありません。また、拘束時間も大きく緩和され、より多くのひとが自由に参加できるようになります。今後は、オンラインによる国際交流が活発化していくことでしょう。

　ただし、人的交流も重要です。このため、オンラインで十分準備を進め、必要な場合は、対面で交流するというハイブリッド国際交流が主流になると思います。画面を通して議論していた海外の仲間と、対面で交流するときの感激は、ひとしおと思います。

11.7. バーチャル実験

　2017 年に採用した外国籍の教員から、芝浦では VR（virtual reality）を使った教育はしないのかという指摘を受けました。ヨーロッパでは、携帯電話を利用したり、VR を利用した実験と演習が行われていると言うのです。

　日本の大学の理工系学部では、1, 2 年次に学生実験が行われます。大人数が一緒に物理や化学、生物などの実験の基礎を学ぶのです。学生には実験の原理や手順が書かれたテキストが配られ、学生はテキストを参照しながら実験を行います。経験に乏しい学生向けですので、安全であり、授業時間内で終わるような実験が選ばれます。そして、学生実験を履修すれば、学生は専門課程の本格的実験に取り組む準備ができているというのが建前です。

　しかし、実験には細かいノウハウがたくさんあり、学生実験で修得するのは難しいというのが現実です。また、個人差が大きいので、時間内に実験が終わらない学生も居ます。複数の学生が実験装置を共用する場合には、待ち

時間が発生します。熱心な先生は、時間内に実験が終了しなかった学生のために、夜遅くまで居残って指導することもあるようです。昔なら当たり前でしたが、いまの学生には、この居残り実験は評判がよくありません。夕方からバイトを入れていたり、教職科目を履修したい学生も居ます。時間内に終わるのが基本です。また、大人数の学生を対象としますので、教員は事前の準備が大変です。実験には、高価な装置と備品や薬品なども必要となります。

　コロナ禍では、学生を集めるわけにはいきません。そこで、教員がTAの協力のもと、実験の模様をオンラインで流し、データ解析に関しては演習として与えているようです。学生からは、手元が拡大されているので、実験の様子が普段よりも分かりやすいという評価もあります。ただし、実験はできません。そこで、実際の操作については、補講というかたちで、安心安全に配慮して少人数で実施しています。

　オンライン実験の問題を解決できると考えられるのがVR（virtual reality）すなわち仮想現実を利用したバーチャル実験室です。ドイツ出身の教員に紹介されたのはLabster（ラブスター）というものでした。Labsterはパソコンからいつでもどこでアクセスできるバーチャル実験室であり、装置の操作のシミュ

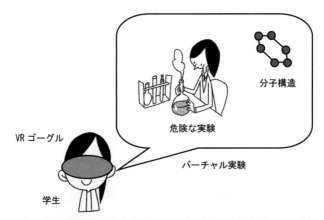

図11-4　仮想現実：VR（virtual reality）を利用したバーチャル実験

危険で普段はできない実験や、目でみることのできない分子構造なども実感することができます。また、実験操作も、学生の好きな時間に繰り返し訓練することが可能となります。

レーションやピペットの操作なども学習できます。高価な装置を購入したり、スペース確保の心配もありません。

さらに、従来の実験では見ることのできない分子レベルの現象を見ることもできます。また、実施するのが困難な危険を伴う実験でも安全な環境で仮想体験することが可能となるのです。

Labster はオンデマンドスタイルですので、学生は好きな時間に自分のペースで学習することもできます。さらに、何度も繰り返し操作の訓練ができるという利点もあります。その導入について、学内で検討していたところ、コロナ感染症が発生しました。対面実験ができない状況になったのです。バーチャル実験は、コロナ禍のもとでは最適な教育手法となります。現在、その導入に向けて準備をしているところです。

11.8. オンライン PBL

大人数を相手にした演習授業をオンラインで進めるにはどうすればよいかも大きな課題でした。その解決策のひとつとして、教職協働による FD 研修会で、**図11-5** に示すような Zoom の breakout session 機能（グループ分け機能）

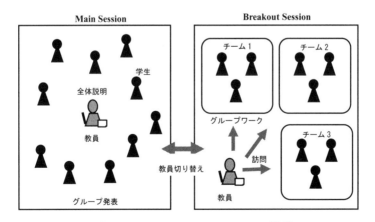

図11-5　Zoom の breakout session 機能

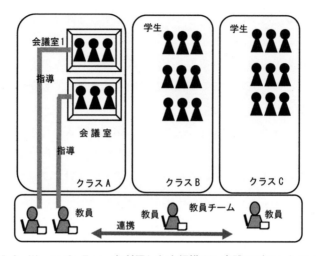

図11-6　Microsoft Teams を利用した大規模 PBL 実践のプラットフォーム

が紹介されました。

　この機能を利用すると、学生をいくつかの小グループ（breakout room）に分け、チームごとにグループワークが可能であり、その成果を共有することができます。最後には全体セッションに戻って、power point などで作製した資料を全員の前で発表することができます。

　さらに、教員が 10 名を越し、学生も大人数となった大規模 PBL の場合にもオンラインで実施できます。副学長の井上雅裕先生を中心とするチームが「システム工学演習」という履修者が 500 人に及ぶ大規模 PBL 授業への対応を実践してくれました。担当する教員の数も 15 名となります。ここでは、45 班もの学生チームを編成します。そのうえで、学生間の協働作業ならびに教員間の協働作業も必要となります。このような大掛かりな PBL にオンラインで対応することは、ほぼ不可能に見えますが、井上先生のチームは、学術情報センターの職員と協働で、Microsoft Teams の導入により、**図 11-6** に示すようなオンライン環境を整備して対応しています[2]。

2　井上雅裕、須原義智、市川学、陳新開、我妻隆宏、長谷川浩志「オンラインでの大規模 PBL と反転授業の計画と実施」2020 年度工学教育研究講演会論文集 p.166.

　ここでは、500 人の学生を 3 クラスに分け、それぞれに 15 チームを設けます。
1 チームは 11 から 12 人となります。それぞれのクラスに 5 人の教員が担当
し、15 チームを指導します。さらに、教員どうしの横連携もとるためにプラッ
トフォームも用意します。この環境により、教員は連携をとりながら、500
人の学生の PBL 指導を可能としているのです。

　創意と工夫により、オンライン教育には、まだまだ可能性があると感服し
た次第です。

11.9. アバターの利用

　インド工科大学ボンベイ校（Indian Institute of Technology Bombay）がコロナ禍
の中で、アバター（avatar）を利用した卒業式を行ったことが話題に上りまし
た。学長も学生もサイバー空間のアバターとなり、2000 名の学生アバター
が卒業証書を受け取ったのです。学生のアバターは会場を自由に歩き回り、
友人とも交流したということです。

　芝浦工大では、すでに国際交流を Zoom や Webex などのオンライン会議ソ

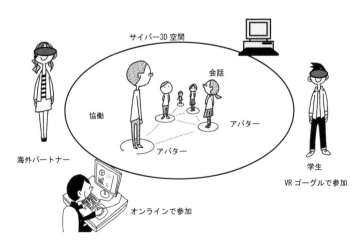

図 11-7　アバターを利用したバーチャル国際交流

フトを使って進めていることを紹介しました。ただし、これらソフトは、数多くの学生が同時に参加し、互いに交流することを目的として設計されたものではありません。そこで、登場するのがアバターです。、

　PBLへの参加者が自分の外見に似たアバターをサイバー空間内に再現し、自由に行動します。もちろん、外見も性格も異なるアバターをつくることも可能です。教員も学生もアバターとなるのです。そこでは、他のアバターと自由に会話をしたり、アバターでチームをつくりグループワークをすることも可能となります。これが実現すれば、より対面に近いグローバルPBLが実施できるはずです。まだまだハードルはありますが、芝浦工大では、ぜひアバターによる国際交流も進めていきたいと考えています。

11. 10.　VUCA時代を生き抜く力

　21世紀は不確実性の時代（the age of uncertainty）と呼ばれています。VUCA時代と称されることもあります。VUCAはvolatility（変動性）、uncertainty（不確実性）、complexity（複雑性）、ambiguity（曖昧性）の頭文字をとったものです。コロナ禍が世界に深刻な影響を与えることなど一年前にはだれも予想できなかったことです。確かに世界は不安定です。

　しかし、過去を振り返れば、未来が予測可能だった時代など存在しません。実は、「不確実性の時代」は、いまから40年以上も前の1978年に発売され、世界的ベストセラーとなったガルブレイス（J. K. Galbraith）の本のタイトルなのです。そして、そこで語られる世界観は今も変わりません。

　先の見えない時代とすれば、われわれは何をすれば良いのでしょうか。答えは簡単です。自らを磨くことです。金や財産は一瞬にして消えることがありますが、身に付けた知恵や知識は一生の宝となります。

　私は、学生には、どんなに不安定な世の中にあっても、教育を通して得た知識は消えないし、学問の基礎さえしっかりしていれば生き抜くことができると訴えています。そして、クリティカルシンキング力（critical thinking skills）

を身につけることも重要です。問題解決にあたっては、常に根拠をもとに議論し、論理的な考察を通して解を求める思考法です。実は、大学における卒業論文研究によって、この思考法は身につけることができます。本書で紹介した大学改革も、まさにクリティカルシンキングに基づいています。

　コロナ感染症が拡大し、学生が不安を抱えている時期に、「芝浦工大で教育を受けたみなさんは、心配することはありません。自信をもって前に進んでください」という学長メッセージを伝えました。すると、多くの学生から、「いままで家に閉じこもり不安でしたが、迷わず勉学に励みます」という返事をもらいました。教育こそが、どんな時代においても、未来への希望であり糧となるのです。

第 12 章　大学経営

　学長は、大学の経営についても目を配る必要があります。教育研究のためには、お金がかかります。グローバル化推進にもお金がかかります。一方、大学の収入源は限られています。そのバランスをとる必要があるのです。

12.1. 私立大学の収支

　大学によって差はありますが、多くの私立大学の年間収入の 70 － 80% は、学納金です。国からの助成金は 10% 程度です。その他、手数料収入、外部の競争的資金や、寄付金などの収入が 10 － 20% 程度あります。これだけ学費の割合が高いということは、大学運営は制約を受けます。基本は、全学生に対し平等な教育サービスを提供する必要があるからです。このため、普段とは違う何か新しいことをするためには、外部の予算を獲得する必要があります。芝浦工大が、文科省の教育 GP に積極的に手を上げたり、私立大学等改革総合支援事業に大学全体で取り組んでいるのはこのためです。**表 12-1** は毎日新聞が調べた同事業における 2015 年の特別補助獲得金額のトップ 5 です。

　芝浦工大がトップです。さらに、同年度は一般補助にも増額がありました。その額は、9037 万円です。つまり、一般と補助を併せて、1 億 3638 万円の増額配分となったのです。ちなみに、2015 年から 2019 年に、芝浦工大が獲得した補助金増額分を**表 12-2** に示します。

　その総額は 5 年間で 8 億円に達します。これら予算は、大学の教育研究改

表 12-1　2015 年の私立大学等改革総合支援事業の補助金獲得額トップ 5

順位	大学名	額 (万円)
1	**芝浦工業大学**	4600
2	金沢工業大学	4400
3	国際医療福祉大学	4200
4	長崎国際大学	4000
5	明海大学	3700

表 12-2　私立大学等改革総合支援事業による補助金増額

	2015 年	2016 年	2017 年	2018 年	2019 年
補助金増額	1 億 3638 万円	1 億 4170 万円	1 億 7548 万円	1 億 7721 万円	1 億 7200 万円

革に自由に使うことのできる貴重な資金となるのです。

　一方、支出のほうは、教職員の人件費が 50% 程度、教育研究費が 40% 程度、残り 10% が管理経費となっています。大学の経常収入と経常支出の差を、経常収支差額と呼び、これがプラスならば、黒字ということになります。いまは、4 割近くの私立大学がマイナスと報告されています。

　また、私立大学では、将来の施設整備のために一定額のお金を毎年、基本金に組み入れています。必要が生じた場合、この基本金を使って、校舎の建て替えや、修繕をすることになります。基本金組み入れ分は、支出となりますので、学校会計の最終的収支となる消費収支は、その影響で赤字となる傾向にあります。この基本金組み入れが私立大学の特殊なところです。基本的には、各大学の経営状態を見るには、経常収支差額が指標となります。

　さらに、経常収支差額を経常収入で割ったものを、経常収支差額比率と呼んでいます。大学の規模によって収入は大きく異なりますから、大学間比較には、この比率を使います。例えば、経常収支差額がいずれもプラス 1 億円の大学があったとします。経常収入が 10 億円の A 大学と 100 億円の B 大学を比較すると、それぞれ、経常収支差額比率は 10% と 1% となり、A 大学の

ほうが経営は安定ということになります。芝浦工大は 2019 年度の経常収支差額は 19 億円の黒字で、経常収支差額比率は、9.3% と比較的好調です。もちろん、油断は禁物です。

12.2. 私立大学における収益改善

　私立大学が収益構造を改善するためには、学費の値上げ、人件費の抑制、教育研究費カットなどの手法が考えられます。しかし、むやみやたらと学費を上げることはできません。学費を 200 万円にすれば経営は安泰と言った職員の話をしましたが、長い目でみれば、大学は凋落するでしょう。

　また、大学にとっての宝は「ひと」です。もともと、私立大学では、国立大学よりも少ない人数で大学運営をしています。人件費の低下は、彼らのやる気を殺ぐことになります。

　とすると、教育研究費をどうするかが鍵となります。実は、その質を下げずに、それを節約することは可能と考えています。まず、いまの大学はやたらと科目数が多いのです。これは、教員も、学生も、学生の保護者も、科目数が多ければ多いほど良い教育をしていると勘違いしているからです。卒業に必要な単位は 124 単位です。1 科目 2 単位とすれば、62 科目で足ります。ところが、実際には、その 5 倍以上もの科目を開講しているのです。科目数を削減すれば、教員と職員の負担も減り、教育コストも下がります。教える科目を厳選すれば、教育の質も向上するでしょう。教室をどの科目に割り振るかで大騒ぎすることもありません。

　さらに、教育現場へのデジタルテクノロジーの導入も重要です。これは、教育コストの低減だけでなく、質の向上にも寄与します。コロナ禍の影響で、多くの大学で、オンライン授業の導入が進みました。オンラインであれば、著名な先生に特別講演を頼んだり、海外からの授業も可能となります。国際交流も、オンラインで進めます。もちろん、人的交流は重要ですが、それは最小限に抑えられるのです。オンライン導入の効果は測り知れません。

　さらに、芝浦工大が努めているのは、競争的資金の獲得、外部からの研究費の獲得、入試における手数料増などです。全部併せると、25 億円程度となります。10 年では 250 億円の収入です。

　研究費を獲得しても、いずれ教員が使うので意味がないという指摘もあります。しかし、これは大きな間違いです。研究費は、大学の研究環境整備や学生の教育研究にも使われます。間接経費も入りますし、なにより、大学のブランド力の向上に貢献しているのです。

　入試検定料収入も本学は 10 億円程度と大きいです。いまや、志願者数が 40000 人を超えていますので、これだけの収入があるのです。かつては志願者数が 10000 人程度であったことを考えると、大躍進です。一方で、大学の魅力が失われれば、この収入も大きく減ることになります。

　芝浦工大は、教職協働により教育 GP を積極的に獲得できているという話をしましたが、私学助成への可算分も含めて、収入面においても大きく貢献していることになります。

　一方で、大学改革をおろそかにすれば、これら収入が大きく減じてしまい、経営面からも問題となります。つまり、大学は教育研究をしっかり進めてこそ経営も成り立つのです。このことを忘れてはなりません。それと併せて、限りある資源を有効に活用するという発想も必要です。科目数をやたらに増やせばよいというものではありません。

12. 3. 資産運用

　大学には、寄付金や将来の設備のための基金もあります。これら資金を資産運用によって増やすことができれば、教育環境の充実や、教育研究のさらなる高度化ができることになります。

　このような考えから、1990 年代の後半から、資産運用によって収益を得ようとする大学が日本でも出てきました。賢いようにも思えますが、資産運用によってマイナスが出ることを忘れてはいけません。2008 年のリーマン

ショックによって、複数の私立大学が、資産運用で大きな損失を出したこと
は衝撃を与えました。

　一方、アメリカの大学は、資産運用によってかなりの収益を上げています。
毎年 100 億円以上の収益を上げる大学もあります。ハーバード、イエールや
スタンフォード大などの endowment [1]（寄付金などを原資とした大学の運用可能
な基本財産）は 1 兆円を超えています。ハーバード大の endowment は 3 兆円
以上にのぼるとも言われており、収益は 3000 億円とも言われています。に
わかには信じられない金額です。日本の大学とは桁違いです。

　これら大学には、専門の資産運用チーム（investment office）が居て、多様な
分散投資を行っています。この分散化によって、危険を回避し、安定した運
用を可能にしています。彼らは、プロ集団であり、一定の収益（年 8% 程度）
を上げることが求められます。アメリカの有力大学の年度ごとの運用を見る
と、リーマンショックのときのマイナスはありますが、それ以外の年は安定
した運用を続けています。

　ただし、アメリカの大学が最初から豊富な運用資産を持っていたわけでは
ありません。もともとは寄付金が主な原資です。よって、当初は、大学ひ
とつひとつの endowment はそれほど多くなかったのです。そこで、1970 年
代に、複数の大学が集まり、寄付金などで得た資金を出し合うことで運用
可能な総額を増やし、プロが資産運用をしていたのです。コモンファンド
（common fund）と呼ばれています（図 12-1 参照）。つまり、大学が資金を出し合っ
て、プロの投資家が資産運用し、運用益が出たら、出資額に応じた利益を大
学が受け取るという仕組みです。

　プロは、分散投資によりリスクヘッジをします。大きな運用益は出ません
が、毎年、安定した収益が期待できます。この結果、資産運用可能な資金が

1　endowment は、もともとは寄付という意味です。寄付を原資として、大学基盤の整備、学生
　の厚生、学生支援などに使われるお金を大学基金、university endowment と呼びます。大学基
　金は資産運用に供されます。そのため、大学の運用可能な基本財産という意味で使われて
　います。日本語ではエンダウメントとされることもあります。

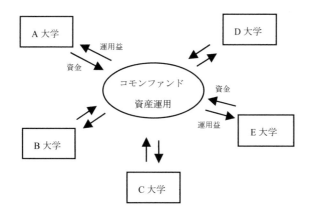

図 12-1　大学資産共同運用の仕組み

複数の大学が資産を出し合いプロのコモンファンド（common fund）が資産運用を行い、その運用益を大学に戻します。

徐々に増えていきました。やがて、ハーバード大のように自分の大学だけで 3 兆円を超す endowment を資産運用をするところも出てきたのです。

　日本でも、同様の構想がありました。大学資産共同運用機構が 2012 年に設立されたのです。アメリカと同様のコモンファンドによる資産運用です。実は、私も、この機構の理事となったのですが、ネックになったのは為替リスクでした。アメリカにおいては、ドル建てで資産運用ができるので、実に多彩な分散投資ができます。株や債券、貯金、国債、不動産など広く対象としており、投資先は全世界に及びます。ドルならではの特典です。このため、きめ細かなリスクヘッジも可能となるのです。

　一方、円による投資は限られます。安定した収益を確約できません。このため、日本の大学が出資した円をドルに換えて、アメリカのコモンファンドに資産運用をお願いするという案が出ました。ただし、たとえドル建てによる資産運用で 8% の収益を確保できたとしても、日本の決算は、あくまでも円になります。しかも、単年度決算です。外国為替市場が不安定では、ドルで運用益を出したとしても、為替差損でマイナスになる危険性があるのです。

このため、ドル建ての運用の実現にはハードルがありました。

　私のこの指摘に対して、それならば、円建てでの運用ができないかという案も出ました。しかし、日本では、コモンファンドのような実績もありませんし、何よりも投資先が限定されているので、リスクヘッジが難しいです。結局、この機構は解散しました。

　ただし、コモンファンドというアイデアは筋がよいと考えています。多くの大学が資金を出し合い、それをプロが運用して、収益を大学に返すという仕組みは魅力あるものと思います。今後の課題ではないでしょうか。

12.4. 寄付金

　アメリカの大学における資産運用の原資のひとつが寄付金です。アメリカには寄付文化が根付いており、有力大学は支援者から多額の寄付金を得ています。

　残念ながら、日本では、なかなか寄付が集まりません。

　これに関しては、税制の問題も指摘されています。アメリカでは、寄付金額が、払うべき税金額から直接控除されますが、日本では、所得額からの控除しかなかったのです。寄付した分のある一定額が所得から控除され、そこに税がかかるという仕組みです。しかし、これでは、あまり魅力はありません。

　ところが2013年から、大学などに寄付した場合、寄付金に応じた一定の額が、直接、税金から控除される制度が始まりました。広くは浸透していませんが、日本も変わってきているのです。とは言え、この制度導入によって寄付金が増えたという話はあまり聞きません。大学としては、なぜ寄付が必要か、そして寄付金を使って、どのような事業を展開していくかを地道に宣伝していく必要があると感じています。

　一方、最近、注目を集めているのがクラウドファンディング（crowd funding）です。インターネットを使って、不特定多数のひとから資金を得る方法であり本学でも実施しています。多くの大学において成功事例も出てき

ており、研究環境の改善・産学連携の活性化にも役立っています。

　ファンディングには、購入型と寄付型の2種類があります。購入型では、研究や活動に関する物品やサービスを購入することによって支援する方法です。大学のプロジェクト提案者は、適切な見返り（リターン）を用意してプロジェクト成立後、支援者に送ります。とはいっても、大学の場合、それほど高価なリターンが望めるわけではありません。

　一方、寄付型と呼ばれるものは、まさに寄付金と同じ扱いです。大学の研究や活動を純粋に支援する方法であり、確定申告すれば税控除も受けられます。それほど大きな金額ではないため、アイデアさえ良ければ資金を集めやすいようです。

　このように、従来の寄付金とは異なったインターネットを利用した資金集めに、大学は柔軟に対応すべきと思います。クレジットカードを利用した小口の寄付が注目されたこともあります。

12. 5.　大学債

　いま東大債が注目を集めています。大学が発行する債券です。40年の償還で200億円分を発行し、あっという間に売れ切れたということです。

　債権というのは、いわゆる借金です。東大は、債権を買ってくれる機関に200億円の借金をします[2]。40年後には、この元本をそっくり返さなければいけません。しかし、金を貸した側からみれば、元本返却だけでは、もちろんメリットがありません。東大は、債権を買ってくれた機関に、利子として毎年0.8%の金利を払うと約束しています。いまは、マイナス金利の時代ですので、元本が保証されたうえで、これだけの利子を受け取れるのであれば、安定した投資となります[3]。これが人気の理由です。

2　東大債は、個人の購入を認めていません。もともと40年という償還期間を考えると、個人としての購入は無理です。。

3　かつて、大学債は借入金でしたが、2007年の証券取引法の改正により有価証券となりました。

一方、東大にとっても、0.8% という利子が金融機関から借金して払う利子よりも低ければ得をします。実際に、金利はこれ以上になるでしょう。よって、双方にとってメリットがあります。

ただし、東大は、これだけの利息を返済しなければなりませんが、第3章で紹介したように、国から毎年 800 億円の運営費交付金を受け取っています。この安定した収入があるので、格付け機関から、トリプルＡ（AAA）を取得できるのです。

私立大学も、新キャンパス建設などの際は借金をして資金を調達します。自分の大学で発行する大学債の利子が、金融機関などから借りる利子よりも低ければ、同様に得をします。このため、大学債については、多くの私立大学が、その発行を検討したことがあります。実際に、信用格付けを取得した大学も多いですがＡ⁻から AA+ の格付けでした[4]。ただし、大学債の発行まで至っていません。今は、金利が安いので、金融機関から借りたほうが便利だからです。

12. 6. 苦渋の決断

学長として大学経営の観点から、苦渋の決断を迫られたことがあります。それは 2019 年 3 月の専門職大学院 MOT（management of technology）の閉鎖です。芝浦工大は、2003 年に、日本で最初の工学マネジメント研究科：MOT を開設しました。児玉文雄先生が初代研究科長を務め、多くの優秀な教員を迎えて発足しました。さらに、企業で重役を務めた経験のある有名な方も教員として加わり、その魅力から、優秀な社会人学生が入学してくれました。彼らは社会で大活躍し、企業において役員に昇進した卒業生も数多くいます[5]。

つまり、満期前の譲渡が可能となり、債権としての流動性が生まれたのです。また、私立の小中高では、寄付と同時に、保護者に無利子で学校債を引き受けてもらうところもあったようですが、ここでの定義とは異なります。

4　水戸英則：今、なぜ「大学改革か」？（二松学舎ブックス：丸善プラネット , 2014）

5　TOTO の専務取締役を務めた吉久保誠一先生（本学卒業生）、リコー IT ソリューションズ会

　私は、MOT 教育は非常に大切と考えています。いまも、芝浦工大として共通教育の柱に置いています。一方で、経営面を考えると課題もいくつかありました。大学教員は、学部の教育を担当しながら大学院生の指導も行っています。例えば、学科で考えてみましょう。1 学科の教員数は約 12 名で、学部学生 400 名を指導しています。さらに、これら教員は大学院生も指導しており、80 名程度です。すると、ひとりあたり 40 名となります。

　一方、MOT 教員も 12 名程度ですが、定員は 1 学年 28 名であり、定員を満たしたとしても 2 学年で 56 名の学生しか指導できないことになります。一人当たり 5 名を切ります。これでは、私立大学ではやっていけません。

　さらに、MOT 専攻を多くの大学が開校したため、2 年目以降は、定員充足も厳しくなりました。これは MOT の責任ではないのですが、大学経営から見れば、赤字を出していることになります。すでに紹介したように、大学の経常収入の 70-80% は、学納金です。とすると、MOT 学生の教育のために、他の学部や大学院の学生が学費を補填しているという構図となってしまうのです。

　そこで、いくつかの改革も試みました。まず、大学院との共同開講です。一般の院生にとっても技術経営を学ぶことは非常に重要です。しかし、当時の学費は MOT のほうが年に 30 万円ほど高かったのです。MOT の学生から見れば、高い金を出して同じ講義が受講できるとなれば不満が出るでしょう。

　つぎに、MOT と大学が組んで、外部の競争的資金を積極的に獲得するという作戦も考えました。実は、MOT 発足当初は、文科省も支援を積極的に行っており、MOT が優先的に受けられる補助金もありました。しかし、それも、長くは続きません。いくつか挑戦しましたが、なかなか獲得できませんでした。

　そこで、MOT の先生方にも、学部や大学院で開講してもらうことにしたのです。大学院には留学生向けの副専攻として「ビジネス開発専攻」を設け

長を務めた國井秀子先生が教授として加わっていただきました。卒業生には飯田グループホールディングス社長の西河洋一氏や、インテル副社長から横河電機常務になった阿部剛士氏がいます。

ました。すべて英語での開講です。また、学部での教育もお願いするように
したのです。

　さらに、本学の学部学生がMOTに進学できるようにもしました。この点
も最初はなかなか進みませんでした。文科省としては、MOTは社会人を対
象としていたからです。なんとかこの制度を導入しましたが、それでも学生
数はなかなか増えませんでした。

　一方で、本学の学部を卒業してMOTに進学した学生は、企業での評判は
高く、優良企業に全員が就職しています。やはり、工学という専門知識を学
んだうえで、技術経営を学ぶと魅力ある人材に育つのです。MOT教育は重
要であると再認識した次第です。

　社会人は忙しいです。MOTは平日の夜間に開講していますが、なにか仕
事が入ったときには定時には帰れません。そこで、平日の授業をオンライン
で配信するという案が出ました。当時の田中秀穂研究科長の案です。もちろ
ん対面も可とするハイブリッド方式ですが、基本として対面授業は土曜日に
集中させます。私は社会人にとって良いシステムと思いました。J-MOOCに
もMOT教員が講義を提供し、反転授業（ブレンディド授業）も可能としました。

　残念ながら、これら対策にもかかわらず、MOT本体の定員割れは厳しさ
を増し、組合ニュースには累積赤字額が20億円を超すというような文字が
躍るようになりました。理事会においても、毎回のように話題となり、定員
割れが続くようであれば閉鎖やむなしという意見が強くなったのです。最
後は、副学長の守田優先生に研究科長を引き受けていただき、大学として
MOT教育を全学展開するということを前提に、工学マネジメント研究科は
閉鎖とするという決断を下しました。そして、2019年には、日本語科目を
加えて「技術経営副専攻」を大学院研究科に設けました。MOT閉鎖は、厳し
い選択でしたが、私立大学としては仕方がなかったと思います。

　ただし、MOT教育の重要性は明らかです。日本MOT振興協会も活発な
活動をしています。学部学生と社会人受け入れを視野に入れた大学院研究科
として、復活すべきと考えています。実は、MOT教育は東南アジアの大学

からは大変評価が高いのです。留学生獲得も期待できます。当然のことながら、社会人のリカレント教育 (recurrent education) も視野に入ります。コロナ禍のなかで、オンライン授業が浸透しました。MOT 教育やリカレント教育には追い風ではないでしょうか。また、これを機会に、社会人については、授業料は科目ごとに課金する制度の導入と、4 年という修業上限の大幅緩和もすべきと考えます。

12.7. 大学ブランド力

　日本では、経営と教育は一緒にすべきではないという考えがあります。このため、私立大学では、経営は理事会、教育は教員組織という役割分担をしているところもあります。しかし、私立大学にとって経営は重要であり、その教育研究とも密接な関係にあります。常に経営という視点を大学人は持つべきと考えています。

　ただし、学長として大学経営を考えたときに、最も重要なことは、いかに大学の教育力ならびに研究力を高めるかです。結局は、それが基本となります。そのためには、国内外での評価を高める努力も必要です。そして、ステレオタイプの評判を打破する鍵は、グローバル化にあることをすでに紹介しました。大学人としての原点に戻ることが、なによりも大切なのではないでしょうか。

参考文献

　学長として、大学運営や改革において、参考にさせていただいている月刊誌やジャーナルは以下の通りです。

IDE 現代の高等教育（IDE 大学協会）

　毎月発行されます。大学にとって重要なテーマが特集されており、執筆陣も充実しています。特集記事以外の連載記事も面白いです。

大学時報（日本私立大学連盟）

　座談会では、時宜にかなった大学のテーマが取り上げられています。現場の教職員の話が参考になります。また、加盟大学の活動状況を知ることができます。

大学マネジメント（大学マネジメント研究会）

　本間正雄先生が編集長を務める月刊誌です。本間先生の含蓄が詰まった雑誌で、取り上げているテーマも常にタイムリーです。上杉道世氏の、書評欄も毎号楽しく読ませていただいています。

学校経営アカデミー（JS コーポレーション）

　JS コーポレーション（米田英一社長）からは、毎月ゆうメールで、高校や大学に関する有用な情報を送っていただいています。本雑誌も無料で大学や高校などの教育機関に配布されています。本間先生が主席研究員として毎号、特別連載を執筆されています。

文部科学教育通信（ジアース教育新社）

　月2回発行の雑誌。寄稿もさることながら、連載記事も秀逸の雑誌。元読売新聞記者の松本美奈さんが「異見校論」を連載されています。

カレッジマネジメント（リクルート）

　リクルートが発行する隔月の雑誌。カラー写真や図面が豊富で、複雑な情報もきれいにまとめられています。吉武博通先生（筑波大学名誉教授）が「大学経営改革」という記事を長期連載されており、参考にさせていただいています。

Between（ベネッセ、進研アド）

大学改革に役立つ高等教育情報誌を標榜しています。基本的には隔月号の雑誌です。THE 世界大学ランキングや、その日本版の情報が載っているため、ベンチマーキングにも利用できます。

私学経営（私学経営研究会）

私学経営という名前から、財務や大学会計に関する記事もありますが、大学運営や改革の視点の記事も多く、大変参考になります。井原徹氏の連載「頼りにされる大学職員になるための心得の条」には、いつも感心させられています。

大学評価研究（大学基準協会）

大学認証評価を担う大学基準協会が発行する学術雑誌です。大学評価に関する国際情勢なども紹介されています。

大学職員論叢（大学基準協会）

この学術雑誌も大学基準協会によって発行されているものですが、こちらは、大学職員に焦点を当てています。本書でも述べていますが、大学運営、改革の担い手は職員が中心になるべきという視点が重要です。

大学行政管理学会誌、Japan Journal of University Administrative Management（大学行政管理学会）

大学改革における職員の役割は重要性を増しています。大学行政管理学会は、アメリカの大学改革の担い手であった行政管理職員（アドミニストレーター）を範として、日本においても、プロのアドミニストレーターを育成する目的で 1996 年に設立されています。毎年、講演会も開催しています。本誌は、その学会誌で、職員の視点からの大学改革論も読むことができます。

つぎに、常日頃、参考にさせていただいている本を列記します。ただし、ここで紹介しているのは、ごく一部です。

石渡朝男：実務者のための私学経営入門（法友社、2008）

石渡氏は、芝浦工大の事務局長を務めたひとです。本書は私学経営について、よくまとめられており、私は一種の辞書として使っています。

両角亜希子：学長リーダーシップの条件（東信堂、2019）

学長リーダーシップに注目された良書と思います。これからの時代は、いかに学

長を育成するかが日本の課題という点に同意します。このテーマはとても重要です。

両角亜希子：日本の大学経営（東信堂、2020）

　大学経営について俯瞰的に研究されています。従来、個々の大学の事例はありますが、日本の大学の形態は多岐にわたり、経営も異なるため、それをまとめたものは全体像を知るうえで貴重な一冊です。

水戸英則：今、なぜ「大学改革」か？（二松学舎ブックス：丸善プラネット、2014）

　水戸氏は、日本銀行を経て、二松学舎の理事長に就任されました。さすが経済人という視点が随所に見られます。

小林雅之・山田礼子：大学の IR 意思決定支援のための情報収集と分析（慶應義塾大学出版会、2016 ）

　大学 IR については、常に参考にさせていただいている本です。おふたりの編著であり、他には浅野茂、森利枝、劉文君先生が著者として名を連ねています。

山田礼子：学士課程教育の質保証へむけて（東信堂、2012）

　山田先生は、この本だけでなく、多くの著書があります。大学改革において、学内説明のための参考にさせていただいています。

土持ゲーリー法一：ポートフォリオが日本の大学を変える（東信堂、2011）

　土持先生も著書が多いです。ポートフォリオや、本書でも登場する SCOT の導入など参考になることが多々あります。

濱名篤：学修成果への挑戦　地方大学からの教育改革（東信堂、2018 ）

　濱名先生は、関西国際大学の学長と、同時に濱名学院の理事長も務められています。教育改革の専門家であり、自大学の改革も積極的に進められています。

山本正治：マイウェイ学長の記録（新潟日報事業社、2018）

　大変楽しく読ませていただきました。学長という立場で多々納得することが書かれています。

藤本夕衣、古川雄嗣、渡邉浩一：反「大学改革」論（ナカニシヤ出版、2017）

　若手の教員からの大学改革への提言です。現在の大学に関して、参考になる現状認識と意見が出されています。興味深く読ませていただきました。

豊田長康：科学立国の危機（東洋経済新報社、2019）

豊田先生は、三重大学学長のあと、鈴鹿医療科学大学の学長を務められています。日本の研究環境を詳細に分析し、海外との比較も示しながら、日本の科学政策に対して警鐘を鳴らしています。

大阪大学工学部／大学院研究科事務部：大学を変えた人間力 PROJECT "C"（大阪大学出版会）

国立大学における教職協働の記録です。ただし、これは奇跡であり、他の部局や他の国立大学ではありえないとも書かれています。

山形大学第4回 SD 研修生一同：あっとおどろく大学事務改善（霞出版社、2007）

国立大学での職員主導の SD の記録です。絶版になっていたため、原稿のコピーを送付いただきました。内容の濃い記録です。国立大学でも、このような staff development が行われていると知って、まさに「あっとおどろく」内容でした。

WISDOM@ 早稲田：大学は「プロジェクト」でこんなに変わる（東洋経済新報社、2008）

私立大学における職員主導による教職協働の記録です。早稲田大学は職員力が高いことで知られています。早稲田大学の副総長を務めた村上義紀氏や、早稲田大学理事ののち、実践女子学園理事長となった井原徹氏などの大物を輩出しています。職員力の高さが実感できる本です。

以下の図書も参考にさせていただいています。

金子元久：大学の教育力——何を教え、学ぶか（筑摩書房、2007）

寺﨑昌男：大学教育の可能性（東信堂、2002）

深堀聰子：アウトカムに基づく大学教育の質保証（東信堂、2015）

中井俊樹、鳥居朋子、藤井都百：大学の IR Q&A（玉川大学出版部、2011）

松田岳士、森雅生、相生芳晴、姉川恭子：大学 IR スタンダード指標集（玉川大学出版部、2017）

苅谷剛彦：アメリカの大学・ニッポンの大学（中公新書ラクレ、2012）

苅谷剛彦：イギリスの大学・ニッポンの大学（中公新書ラクレ、2012）

潮木守一：世界の大学危機(中公新書、2004)

山内太地：東大秋入学の衝撃(中経出版、2012)

海老原嗣生、倉部史記、諸星裕、山内太地：危ない大学(羊泉社新書、2012)

倉部史記：文学部がなくなる日(主婦の友新書、2011)

古沢由紀子：大学サバイバル(集英社新書、2001)

木村誠：危ない私立大学 残る私立大学(朝日新書、2012)

島野清志：危ない大学・消える大学(エール出版社、1993-2019)

水月昭道：ホームレス博士(光文社新書、2010)

齋藤孝：教育力(岩波新書、2007)

廣木巳喜雄：教育維新(毎日ワンズ、2012)

アキ・ロバーツ、竹内洋：アメリカの大学の裏側(朝日新書、2017)

渥美育子：「世界で戦える人材」の条件(PHPビジネス新書、2006)

大学基準協会：内部質保証ハンドブック(2015)

野村浩子：女性に伝えたい未来が変わる働き方(KADOKAWA、2017)

狩野みき：「自分で考える力」の授業(日本実業出版社、2013)

ルーシー・クレハン(橋川史訳)：日本の15歳はなぜ学力が高いのか？(早川書房、2017)

山本秀樹：世界のエリートが今一番入りたい大学ミネルバ(ダイヤモンド社、2018)

神永正博：学力低下は錯覚である(森北出版、2008)

井原徹：私立大学の経営戦略序説　戦略的経営プランニングの展開(日本エディタースクール出版部、2008)

村上義紀：みんな私の先生だった　ミネルヴァの森の学生たち(霞出版社、2001)

山本眞一、村上義紀、野田邦弘：新時代の大学経営人材ーアドミニストレーター養成を考える(ジアース教育新社、2005)

長谷川昌弘：学生と若者のためのキャリアデザイン教室(電気書院、2012)

232

日本国「受験ユーモア；五十五年史 (旺文社編、1985)

川西利昌、小川貫、香取照臣、三宅方子、谷川寛樹：理工系大学生と教
　員の心のケアー学生相談室のはたらき (テクネ、2017)

納谷廣美：前へそして世界へ (創英社、2016)

清成忠男：21 世紀の私立大学の挑戦 (2001)

大久保和正：財務からみた大学経営 (21 世紀大学経営協会、2013)

南風原朝和：検証迷走する英語入試 (岩波ブックレット、2018)

主体的学び研究所：主体的学び 創刊号から 4 号まで (東信堂、2014)

あとがき

　2018 年 12 月に東京大学において私立大学の新任学長向けのセミナーが同大学教育研究科の両角亜希子准教授主導のもと開催されました。新任 1 年目あるいは、次年度に学長就任予定の先生方を対象としたチュートリアルセミナーです。このようなセミナーが開催されたのには、時代の要請もあります。

　日本の大学ではガバナンス改革が叫ばれ、多くの大学で学長の権限が強化されてきました。それとともに、学長のリーダシップの重要性も指摘されています。かつて、「学長の仕事は年に 2 回、入学式と卒業式でのあいさつだけ」と揶揄されたこともあります。大学運営は教授会の決定に任せて、「余計なことを言わない、やらない」のが良い学長と言われたことさえあります。

　大学は教育現場です。そして、学長も教育を担うという点では、教員のひとりであり、平等な仲間であると考えられるのです。よって、仲間である現場の教員の意見を聞くのが大切であり、当然というわけです。

　確かに、このような立場も理解できます。ただし、その結果、いろいろな問題が生じてきたのも事実です。長年慣れ親しんできたことを自ら改めるということはなかなかできません。社会から教育改革の重要性が叫ばれても、教員自らが、それを変革することは難しいのではないでしょうか。

　何より、大学運営には巨額の税金が投じられています。にもかかわらず、それに見合った教育成果が得られていないという疑問が経済界からも投げかけられるようになってきました。日本が、国際的な競争力を失いつつあるのは、大学を含めた教育機関の人材育成に問題があるという指摘もあります。

　このような社会背景から、大学改革の重要性が政府や産業界から指摘され、その改革の先頭に立つのが学長であるとされているのです。このため、学長の責任も重くなっています。ところが、大学にとって重要なはずの「学長」

を育成する仕組みが世の中にはないのです。

　さて、著者は、表記の新任学長セミナーにアドバイザーとして参加する機会を得ました。セミナーでは、まず、関西学院大学学長の村田治氏の基調講演のあと、新任学長を4名程度のグループに編成し、情報交換とともに、各班に配されたアドバイザー学長が、みずからの経験を踏まえながら、メンバーの質問に応えるとともに、メンバーどうしが、ざっくばらんな懇談を行うという形式です。

　アドバイザー学長としては、共愛学園前橋国際大学の大森昭生学長、津田塾大学の高橋裕子学長、新潟医療福祉大学の山本正治学長、自由が丘産能短期大学の小林武夫学長が務めました。2時間程度の懇談のあとは、全員がふたたび集合し、討議内容の情報を共有する場を持ちました。その後、多くのメンバーが参加して、懇親会を開催し、盛況なうちに終わりました。

　参加者のアンケート調査から、このセミナーは好評であったと両角先生から伺いました。次年度以降も参加したいという申し出もあったと聞きます。多くの学長は孤独（孤立ではない）であり、このような学長のネットワーク形成は勇気を与えるというのです。

　また、参加した学長から、私の紹介した経験談や大学運営が参考になったという感謝のメールもいただきました。それならば、自分の学長としての経験を本にまとめることも重要と考え本書を上梓した次第です。

謝　辞

　大学改革は、学長ひとりではできません。その方針に納得して付いてきて
くれる多くの仲間が必要です。大学改革は、口で言うほど簡単ではありませ
ん。幸いなことに、芝浦工大には、こんな私を信頼して、一緒に改革に取り
組んでくれた多くの仲間が居ます。

　副学長として支えてくれた米田隆志、守田優、井上雅裕の先生方には大変
お世話になりました。私のもとでの学内調整は大変だっだと思います。吉川
倫子理事兼学事部長には、事務方のリーダーとして大学改革を支えていただ
きました。業界では、彼女が芝浦工大躍進の功労者とされています。

　学長補佐の Miryala Muralidhar、伊藤和寿、伊藤洋子、志村秀明、上岡英史、
長谷川忠大、三好匠、谷田川ルミ、吉武良治の先生方には、自身の教育研究
で多忙なうえに、学長補佐という大役を引きうけていただきました。また、
吉久保誠一、中山千秋先生には、大学運営への貢献だけでなく、グローバル
化でもお世話になりました。また、坂井直道先生には、外国籍教員の採用な
どでお世話になりました。

　白石美知子次長、小倉佑介課長には大学企画のリーダーとして学長を支え
ていただきました。室越昌美部長、杉山修部長、丁龍鎮部長、満重信之部長
には、教学関連の部長として支えていただきました。

　学部長、研究科長の渡部英二、山田純、堀越英嗣、古屋繁、髙﨑明人の先
生方には、学長の意向を学内に浸透させるのに苦労されたと思います。

　外部評価委員長として、常に、的確な助言と芝浦工大への応援をしていた
だいた吉武博通先生に感謝いたします。

　また、文部科学省の佐藤邦明室長、石橋晶室長には、思わぬ機会で知己を
得て、芝浦工大の応援団となっていただきました。

　元学長の柘植綾夫先生、元理事長の長友隆男先生には、私が学長になる道を拓いていただきました。また、鈴木和子さん、程島美樹さん、榎本英子さんには、学長秘書として支えていただきました。

　最後に、五十嵐久也前理事長、鈴見健夫理事長、早乙女徹前事務局長、野口一也事務局長を代表とする理事会の皆さまには学長付託として大学運営を一任いただき、活躍の場を与えていただきました。また、卒業生の会である校友会、学生の父母の会である後援会の皆さんにもご支援をいただきました。この他にも、多くの方々に支えられ、学長という職務を果たすことができたものと感謝しております。

事項索引

【英数字】

AFS 制度····················· 75, 77

AHELO ····················· 51-53

AO（admission office）入試··········· 144

CEFR（Common European Framework of Reference for Languages）············47, 146

Centennial SIT Action ···············28, 115

CLA（collegiate learning assessment）······ 49, 50, 52, 53

creative thinking ···················· 116

culture of evidence ·················· 116, 190

e-learning····················· 198

endowment ·················· 218, 219

GPA（Grade point average）············47, 138

GSS（Global Students Staff）·········· 134, 135

h-index····················· 64

International high school Internship ········· 89

IR（institutional research）··· 4, 24, 190-195, 197

JABEE（日本技術者教育認定機構）··· 36, 37, 48, 189

KGI（Key Goal Indicator）············ 28, 29

KPI（Key performance indicator）········· 28, 29

Labster（ラブスター）············ 208, 209

LF（learning facilitator）··············· 131-133

Microsoft Teams ·················· 210

MOOC ················· 43, 85, 201

MOT（management of technology（技術経営））················· 97, 111, 115, 118, 222-225

MOT 振興協会 ·················· 224

myth ····················· 204

OCW（open course ware）··············· 43

OECD（経済協力開発機構）···41, 42, 52, 161, 162, 165

one word, one meaning ················ 151

PDCA（plan-do-check-act）サイクル ····· 123, 126, 129, 135

PISA（Programme for International Student Assessment）···················· 52

PROG（Progress Report on Generic Skills）45-47, 50, 147

QS（Quacquarelli Symonds）········ 18, 28, 193

QS アジア大学ランキング ················· 193

RA（Research assistant）···················· 131

RA（Resident Adviser）···················· 135

SAT（Scholastic assessment test）··········· 92

SCOT（Students Consulting on Teaching）53, 134

SCUE（Student Committee on Undergardaute Education）···················· 138

SDGs（sustainable development goals）··· 34, 75

SIT-bot ····················· 137

Skype ····················· 83

SWOT 分析···················· 4, 112-115

TA（teaching assistant）··············· 131, 208

The Admission Office ·················· 93

THE（Times Higher Education）··· 16-18, 20-23, 28, 193

TOEFL（Test of English as a Foreign Language）45, 92, 146

TOEIC（Test of English for International Communication）··· 14, 45, 47, 84, 146, 195-197

TOEIC スコア ····················· 195, 196

UNESCO（国際連合教育科学文化機構）··· 16, 41, 42

Universal College Applications··············· 92

VR（virtual reality）···················· 207, 208

VUCA ····················· 212

Webex ····················· 201, 211

WTO（世界貿易機構）···················· 41-44

Zoom ················· 82, 201, 209, 211

3 ポリシー···················· 34, 35

18 歳人口 ····················4, 5, 75

21 世紀 COE プログラム ·················· 110

202030 ····················97, 100

【あ行】

アイスブレーキング·················· 79

アクティブラーニング··· 38, 50, 69, 71, 93, 175,

238

206

アドミッションポリシー……………… 34, 35
アバター…………………………… 211, 212
アビツーア（Abitur）試験 ……………… 161
一般入試………………… 12, 13, 143, 144
インターネット…… 43, 77, 156, 170, 189, 199, 220, 221
インターンシップ…………………… 168-170
インド大使…………………………………… 6
インパクトファクター………………… 63
引用数………………………… 16, 18, 19
運営費交付金………… 58, 117, 162, 222
英語の4技能…………………………… 146
江戸っ子1号…………………… 183, 186
エラスムス計画……………………… 41
オナーズプログラム………………… 32, 89
オープンアクセス…………………… 68
オンデマンド方式………………… 201, 202
オンライン授業……… 46, 198-206, 216, 225

【か行】

外研 ……………………… 73, 74, 144
海洋研究開発機構………………………… 185
科学研究費……………………………… 59
学習管理システム………… 46, 137, 146, 200
学修成果… 32, 35, 44, 47, 52, 70, 135, 204
科研費C………………………………… 64
カリキュラムポリシー………………… 34, 35
カリキュラムマップ………………………… 35
カリフォルニア大学……………………… 111
カレッジ・ポートレート………………… 188
技術経営副専攻…………………………… 224
技術用語………………… 72, 151-153
寄付金………… 214, 217, 218, 220, 221
基本金組み入れ………………………… 215
キャップ制………………………………… 203
教育イノベーション推進センター……81, 191
教育実行再生会議………………………… 117
教育情報の公表…………………………… 189
教育職員免許法…………………………… 173
教職学協働…………28, 46, 130, 131, 135, 137
教職協働………ii, 4, 11, 13-15, 23, 24, 28, 29, 53, 80, 97, 108, 109, 111-120, 122, 130, 136, 166, 172, 187, 190, 191, 209, 217

競争的資金…… 14, 15, 21, 45, 60, 63, 105, 112, 118-122, 125, 131, 214, 217, 223
クラウドファンディング………………… 220
クリティカルシンキング…… 73, 96, 212, 213
グローバルPBL……… 78, 80-83, 197, 212
グローバル学生スタッフ………………… 79
経常収支差額……………………… 215, 216
経常収支差額比率………………… 215, 216
研究支援員……………………… 105, 135
研究室留学…………………86, 87, 89
現代的教育ニーズ取組支援プログラム
（現代GP）………………………… 116
ケンブリッジ大学………………… 16, 162
高考 ………………………………… 140
工大サミット…………………………… 194
高大接続改革………………… 145, 153
国際会議… 32, 63, 72, 74, 89, 131, 151-153, 199, 200, 207
国際学生寮……………………………… 8, 135
国際共著論文…………………………… 67
国際超電導産業技術センター（ISTEC）65, 66
国際理工学専攻………………………… 91
国内総生産（GDP）………… 162, 176, 177
国家重点大学…………………………… 140
国家戦略会議…………………………… 117
国境なき科学…………………………… 86
コミュニティカレッジ…………………… 76
コモンファンド………………… 218-220
コロナ禍…… 46, 82, 83, 198, 202, 205, 206, 208, 209, 211, 212, 216, 225
コンピテンシー………………………… 47, 50

【さ行】

サイバー空間……………………… 211, 212
サンドイッチ留学………………… 87, 88
私学等助成金…………………………… 58
識字率…………………………………… 150
シグマ型統合能力人材………… 111, 118, 131
四国地区大学教職員能力開発ネットワーク 53
資産運用………………………… 217-220
質の高い大学教育推進プログラム
（教育GP）……… 45, 116, 119, 120, 214, 217
質保証……… 16, 32, 33, 36, 42-44, 47, 48, 51-54, 70, 114, 135, 141, 142, 169

若年失業率･････････････････････････ 165
自由応募･･･････････････････････････ 170
受験ユーモア･･･････････････････････ 154
主体性･･･････････････････109, 136, 146-148
ジョイントディグリー･････････････････ 91
情報公開･･･････････････････････ 187-189
職学協働･･･････････････････････ 135, 136
女性研究者研究活動支援事業･･･････････ 96
シラバス･････････ 33, 47, 53, 125, 126, 128
私立大学等改革総合支援事業･･････ 122, 124,
　　　　　　　　　　128, 129, 214, 215
人工知能（AI）･･････････････････････ 136
信用格付け････････････････････････ 222
推薦入試･･･････････････････ 12, 143-145
スーパーグローバル大学（SGU）･････6-8, 13,
　　　　14, 17, 21, 22, 24, 89, 120, 134, 167, 196
スーパーグローバル大学創成支援事業･････ 6,
　　　　　　　　　　　　13, 14, 17
世界大学ランキング･･････12, 15-21, 28, 193
先進国際課程･･････････････････ 91, 93, 107
専門職大学院･･････････････････････ 222
戦略的人事･･･････････････ 91, 100, 107
ソウル大学････････････････････ 139, 140
組織的な大学院教育改革推進プログラム
　　　　　　　　　　　　　118, 131
卒業論文研究･･････ 31, 38, 62, 68, 69, 71, 93, 213

【た行】

大学 IR コンソーシアム ･･･････････････ 191
大学院進学率･････････････････32, 115, 166
大学修能試験（スヌン）･･････････････ 139
大学学術ランキング･････････････････ 18
大学基準協会･･････････････････････ 51
大学教育再生加速プログラム（AP 事業）45,
　　　　　　　　　　　120, 200
大学行政管理学会･･･････････････････ 116
大学債･･･････････････････････ 221, 222
大学資産共同運用機構･･･････････････ 219
大学設置基準の大綱化･･･････････････ 30
大学入学共通テスト･････････････ 145, 147
大学入試センター試験･･････ 143, 145, 147
大学評価・学位授与機構･････････････ 51
大学ポートレート･････････････ 189, 190
大規模 PBL･･････････････････････ 210

第二外国語･･･････････････････････ 30
ダイバーシティー･･････ 7, 28, 66, 95, 96, 99, 105,
　　　　　　　　　　　　117, 135
ダッシュボード･･････････････ 46, 47, 137
多様性の受容･････････････････････ 94
多様性の理解･････････････････････ 78
男女共同参画･････ 27, 66, 96-100, 104, 105, 135
地（知）の拠点整備事業（大学 COC 事業）
　　　　　　　　　　　　　　120
チャット･･････････････ 199-201, 205
チャットボット････････････････ 136-138
通信制大学･･･････････････････････ 204
つくも神･･･････････････････････ 176
定員管理･･･････････････････････ 142-144
ディプロマサプリメント･･････････ 36, 41
ディプロマポリシー･････････････ 34, 35
ディプロマミル･････････････････ 42, 43
テクノプラザ････････････････････ 60-62
デジタルテクノロジー･･･････････ 107, 216
データサイエンス･･･････････････ 31
データマイニング･･･････････････ 147
東京東信用金庫･････････････････ 184, 185
東大債･･･････････････････････ 221
東南アジア工科系大学コンソーシアム 194
特色ある大学教育支援プログラム
　　（特色 GP）･････････････14, 116
徒弟制度･･･････････････････････ 69

【な行】

日経 400 社････････････24-26, 166, 167, 186
日本学生支援機構･････････････････ 82
日本工学教育協会･････････････････ 141
日本高等教育評価機構･････････････ 51
日本再興戦略･･･････････････････ 17
日本私立学校振興共済事業団･････････ 190
日本大学ランキング････････････ 20-24
入試検定料収入･･･････････････ 217
認証評価･･････････････ 51, 188, 191

【は行】

バーチャル実験･･･････････････ 208, 209
ハーバード大学･･････････････ 140, 165
ハイブリッド授業･･･････････････ 206
パレートの法則･･･････････････ 129

反転授業⋯⋯⋯⋯⋯⋯⋯ 202, 206, 210, 224
ピアレビュー⋯⋯⋯⋯⋯⋯⋯⋯⋯51, 59, 63
不易と流行⋯⋯⋯⋯⋯⋯⋯⋯⋯⋯ 56
フォロワーシップ⋯⋯⋯⋯⋯⋯⋯ 11, 12
不確実性の時代⋯⋯⋯⋯⋯⋯⋯⋯ 212
ブラジル人留学生⋯⋯⋯⋯⋯⋯ 87, 89
ブレンド型学習⋯⋯⋯⋯⋯⋯⋯⋯ 206
偏差値⋯⋯⋯⋯ 12, 13, 15, 16, 20, 39, 128, 141,
143-145, 193
ポートフォリオ⋯ 44-47, 50, 120, 137, 146, 147
ポジティブアクション⋯⋯⋯⋯ 96, 98, 102
ポピュリズム⋯⋯⋯⋯⋯⋯⋯⋯⋯ 94
ボローニャ宣言⋯⋯⋯⋯⋯⋯⋯⋯ 40
ボローニャプロセス⋯⋯⋯⋯⋯36, 40, 41

【ま行】

まいど1号⋯⋯⋯⋯⋯⋯⋯⋯⋯⋯ 183
毎日新聞⋯⋯⋯⋯⋯⋯⋯⋯⋯⋯15, 214
マサチューセッツ工科大学⋯⋯⋯⋯ 200

マネーゲーム⋯⋯⋯⋯⋯⋯⋯ 176, 177, 179
マレーシアツイニングプログラム⋯⋯⋯ 85
メリハリある配分⋯⋯⋯⋯⋯⋯ 117, 123

【や行】

読み、書き、そろばん⋯⋯⋯ 56, 92, 148, 150
四工大⋯⋯⋯⋯⋯⋯⋯⋯⋯⋯⋯⋯ 194

【ら行】

ライフイベント⋯⋯⋯⋯⋯⋯⋯ 104, 135
ラーニングアナリティクス⋯⋯⋯⋯ 147
リアルタイム配信⋯⋯⋯⋯⋯⋯ 202, 203
リカレント教育⋯⋯⋯⋯⋯⋯⋯⋯ 225
理系英語⋯⋯⋯⋯⋯⋯⋯⋯⋯ 151, 152
理工学教育共同利用拠点⋯⋯⋯⋯⋯ 53
リテラシー⋯⋯⋯⋯⋯⋯⋯⋯⋯⋯ 50
ルーブリック⋯ 48-51, 70, 71, 123, 125, 129, 148
連携大学院⋯⋯⋯⋯⋯⋯⋯⋯⋯⋯ 73

人名索引

【英字】

Helen Keller ･････････････････････････ 178
J. L. Saupe ･････････････････････････ 192
John Masefield ･･･････････････････････ 58
Miryala Muralidhar ･･････････････ 89, 92
R. H. Goddard ･･････････････････････ i
William Arthur Ward ･･･････････････ 55

【あ行】

浅野茂･･････････････････････････････ 192
我孫子聡子･･････････････････････････ 103
阿部剛士･･･････････････････････････ 223
安藤厚･･･････････････････････････････ 54
五十嵐久也･････････････････････････ 101
市川学･･･････････････････････････････ 210
伊藤洋子･･･････････････････････････ 105
井上雅裕･･････････････････････････ 210
江崎玲於奈･････････････････････････ 110
エズラ・ボーゲル････････････････････ 38
大倉倫子･･･････････････････････ 103, 105
大塚正久･･･････････････････････････ 144
大森昭生･･････････････････････････ 234
奥田宏志･･････････････････････････ 53

【か行】

桂川正巳･･････････････････････ 184, 185
上岡英史･･････････････････････････ 136
川口恵子･･･････････････････････････ 72
ガルブレイス･････････････････････ 212
岸本喜久雄･････････････････････････ 52
木村幸治･････････････････････････ 54
國井秀子･･･････････ 97, 98, 105, 223
クラーク博士（William Smith Clark）･････ 179
孔子 ･････････････････････ 31, 39, 180
児玉文雄･･･････････････････････････ 222
小林武夫･･････････････････････････ 234
小林雅之･････････････････････････ 192

【さ行】

齊藤恭一･･･････････････････････････ 151
坂井直道･･･････････････････････････ 53
榊原暢久･･･････････････････････････ 53
澤田郁子･･･････････････････････････ 54
篠田義明･･･････････････････････････ 152
柴田浩司･･･････････････････････････ 69
渋谷哲一･･･････････････････････････ 184
菅谷みどり････････････････････････ 103
杉野行雄･････････････････････ 183, 184
鈴木洋･･････････････････････････ 53, 136
砂子澤巌･･･････････････････････････ 149
須原義智･･･････････････････････････ 210
芹澤愛･･･････････････････････････ 103

【た行】

高橋裕子･･････････････････････････ 234
竹内まりや･････････････････････････ 75
田島節子･･･････････････････････････ 66
田中昭二･･･････････････････････････ 66
田中秀穂･･････････････････････････ 224
陳新開･･････････････････････････ 210
筑本知子･･･････････････････････････ 66
柘植綾夫･･･ 109, 111, 112, 118, 119, 131, 173, 190
土持ゲーリー法一･･･････････････････ 134
恒安眞砂･･･････････････････････････ 151
戸澤幸一･･････････････････････････ 185
トニー・ブレア･･･････････････････････ 39
鳥飼久美子･････････････････････････ 76

【な行】

長友隆男･･････････････････････ 109, 144
中村朝夫･･･････････････････････････ 52
中山千秋･･･････････････ 118, 131, 133
西河洋一･･････････････････････････ 223
丹羽恵久･･････････････････････････ 136

【は行】

長谷川浩志･･･････････････････････ 210

242

長谷川忠大……………………… 136
浜野慶一……………………… 185
深堀聡子……………………… 52
藤沢信悦……………………… 54
ホートン広瀬恵美子……………… 151

【ま行】

マーガレット・サッチャー…………39, 161
水戸英則……………………… 222
宮田純子……………………… 103
村田治……………………… 234
森初果……………………… 66
守田優……………………… 224
両角亜希子……………………… 233, 234

【や行】

谷田川ルミ……………………… 174

山崎敦子……………………… 72
山田礼子……………………… 192
山本文子……………………… 66
山本正治……………………… 234
吉川倫子…………………… 130, 131, 135
吉久保誠一……………………… 118, 222
米田隆志……………………… 86, 89

【ら行】

ロナルド・レーガン……………… 38

【わ行】

我妻隆宏……………………… 210
渡部英二……………………… 131

著者紹介

村上　雅人（むらかみ　まさと）

1955年　岩手県盛岡市生まれ
盛岡一高在学中に、1年間アメリカの Alhambra 高校に AFS 留学。
東京大学工学部卒業、同大学院博士課程修了（工学博士）
新日本製鐵、超電導工学研究所を経て2003年から芝浦工業大学教授
2012年4月から2021年3月まで9年間芝浦工業大学学長を務める。
World Congress Superconductivity Award of Excellence, Special PASREG Award, 岩手日報社
文化賞、日経 BP 技術賞、超伝導科学賞などを受賞
著書は、「なるほど虚数」「なるほど量子力学」「なるほど生成消滅演算子」など、理工
数学入門のなるほどシリーズ23冊を海鳴社から出版。「はじめてなっとく超伝導」（講
談社ブルーバックス）、「超伝導の謎を解く」（C&R 研究所）、「日本人英語で大丈夫」（海
鳴社）、"Melt-processed High Temperature Superconductors"（World Scientific）など多数。

教職協働による大学改革の軌跡

2021年2月5日　　　初　版第1刷発行

〔検印省略〕
定価はカバーに表示してあります。

著者Ⓒ村上雅人／発行者　下田勝司

印刷・製本／中央精版印刷

東京都文京区向丘 1-20-6　　郵便振替 00110-6-37828
〒113-0023　TEL（03）3818-5521　FAX（03）3818-5514
Published by TOSHINDO PUBLISHING CO., LTD.
1-20-6, Mukougaoka, Bunkyo-ku, Tokyo, 113-0023, Japan
E-mail : tk203444@fsinet.or.jp　http://www.toshindo-pub.com

発 行 所
株式
会社 東 信 堂

東信堂

大学の組織とガバナンス——高等教育研究論集第1巻	羽田貴史 著	三五〇〇円
科学技術社会と大学の倫理——高等教育研究論集第4巻	羽田貴史 著	三二〇〇円
2040年 大学よ甦れ——カギは自律的改革と創造的連帯にある	田原博人・佐藤博允・田中弘允 著	二四〇〇円
検証 国立大学法人化と大学の責任——その制定過程と大学自立への構想	田原博人・佐藤博允・羽田貴史・中井弘允 著	三七〇〇円
2040年 大学教育の展望——21世紀型学習成果をベースに	山田礼子	二八〇〇円
高等教育の質とその評価——日本と世界	山田礼子編著	二八〇〇円
学生参加による高等教育の質保証	山田勉	二四〇〇円
国立大学職員の人事システム——管理職への昇進と能力開発	渡辺恵子	四二〇〇円
国立大学法人の形成	大﨑仁	二六〇〇円
国立大学・法人化の行方——自立と格差のはざまで	天野郁夫	三六〇〇円
大学は社会の希望か——大学改革の実態からその先を読む	江原武一	二〇〇〇円
日本の大学経営——自立的・協働的改革をめざして	杉本均・江原武一編著	三六〇〇円
大学の管理運営改革——日本の行方と諸外国の動向	両角亜希子	三九〇〇円
私立大学の経営と拡大・再編——一九八〇年代後半以降の動態	両角亜希子	四二〇〇円
学長リーダーシップの条件	両角亜希子編著	二六〇〇円
教職協働による大学改革の軌跡	村上雅人	二四〇〇円
大学経営・政策入門	東京大学 大学経営・政策コース編	二四〇〇円
大学経営とマネジメント	新藤豊久	二五〇〇円
大学教学マネジメントの自律的構築	関西国際大学編	二八〇〇円
主体的学びへの大学創造二〇年史		
学修成果への挑戦——地方大学からの教育改革	濱名篤	二四〇〇円
大学改革の処方箋	篠田道夫	二三〇〇円
大学戦略経営の核心——中長期計画推進・教育改善・職員力向上	篠田道夫	三六〇〇円
戦略経営|||大学事例集	篠田道夫	三六〇〇円
大学戦略経営論	篠田道夫	三四〇〇円
中長期計画の実質化によるマネジメント改革		
米国高等教育の拡大する個人寄付	福井文威	三六〇〇円

〒113-0023　東京都文京区向丘 1-20-6　　TEL 03-3818-5521　FAX03-3818-5514　振替 00110-6-37828
Email tk203444@fsinet.or.jp　URL·http://www.toshindo-pub.com/

※定価：表示価格（本体）＋税

東信堂

学びと成長の講話シリーズ

① アクティブラーニング型授業の基本形と生徒の身体性　溝上慎一　一〇〇〇円
② 学習とパーソナリティ—「あの子はおとなしいけど成績は
　　いいんですよね」をどう見るか　溝上慎一　一六〇〇円
③ 社会に生きる個性—自己と他者・拡張的パーソナ
　　リティ・エージェンシー　溝上慎一　一五〇〇円

アクティブラーニング・シリーズ

① アクティブラーニングの技法・授業デザイン　水戸部修治編　一六〇〇円
② アクティブラーニングとしてのPBLと探究的な学習　溝上慎一編　一八〇〇円
③ アクティブラーニングの評価　石井英真編　一六〇〇円
④ 高等学校におけるアクティブラーニング：理論編（改訂版）　溝上慎一編　一六〇〇円
⑤ 高等学校におけるアクティブラーニング：事例編　溝上慎一編　二〇〇〇円
⑥ アクティブラーニングをどう始めるか　成田秀夫　一六〇〇円
⑦ 失敗事例から学ぶ大学でのアクティブラーニング　亀倉正彦　一六〇〇円

若者のアイデンティティ形成
　—学校から仕事へのトランジションを切り抜ける　ジェームズ・E・コテ＆チャールズ・G・レヴィン著／河井亨・溝上慎一訳　三二〇〇円
大学生白書2018
　—今の大学教育では学生を変えられない　溝上慎一　二八〇〇円
アクティブラーニングと教授学習パラダイムの転換　溝上慎一　二四〇〇円
大学生の学習ダイナミクス
　—授業内外のラーニング・ブリッジング　河井亨　四五〇〇円
グローバル社会におけるラーニング
　—全国大学調査からみえてきた現状と課題　河合塾編著　三八〇〇円
大学のアクティブラーニング　河合塾編著　三二〇〇円
「学び」の質を保証するアクティブラーニング
　—3年間の全国大学調査から　河合塾編著　二〇〇〇円
「深い学び」につながるアクティブラーニング
　—全国大学の学科調査報告とカリキュラム設計の課題　河合塾編著　二八〇〇円
アクティブラーニングでなぜ学生が成長するのか
　—経済系・工学系の全国大学調査からみえてきたこと　河合塾編著　二八〇〇円

〒113-0023　東京都文京区向丘1-20-6
TEL 03-3818-5521　FAX03-3818-5514　振替 00110-6-37828
Email tk203444@fsinet.or.jp　URL:http://www.toshindo-pub.com/

※定価：表示価格（本体）＋税